HEYNE BÜCHER

LILLA BEK / PHILIPPA PULLAR

CHAKRA ENERGIE

Die Kraftzentren des menschlichen Körpers
Wege zur Erschließung und Harmonisierung
der Lebensenergie

WILHELM HEYNE VERLAG
MÜNCHEN

HEYNE RATGEBER
08/9368

Aus dem Englischen übertragen
von Marion B. Kroh

2. Auflage

Titel der Originalausgabe:
TO THE LIGHT

Printed in Germany 1991
Umschlaggestaltung: Atelier Adolf Bachmann, Reischach
Umschlagillustration: Elmar Kohn, Landshut
Satz: Kort Satz GmbH, München
Druck- und Bindung: Presse-Druck Augsburg

ISBN 3-453-04972-1

Inhalt

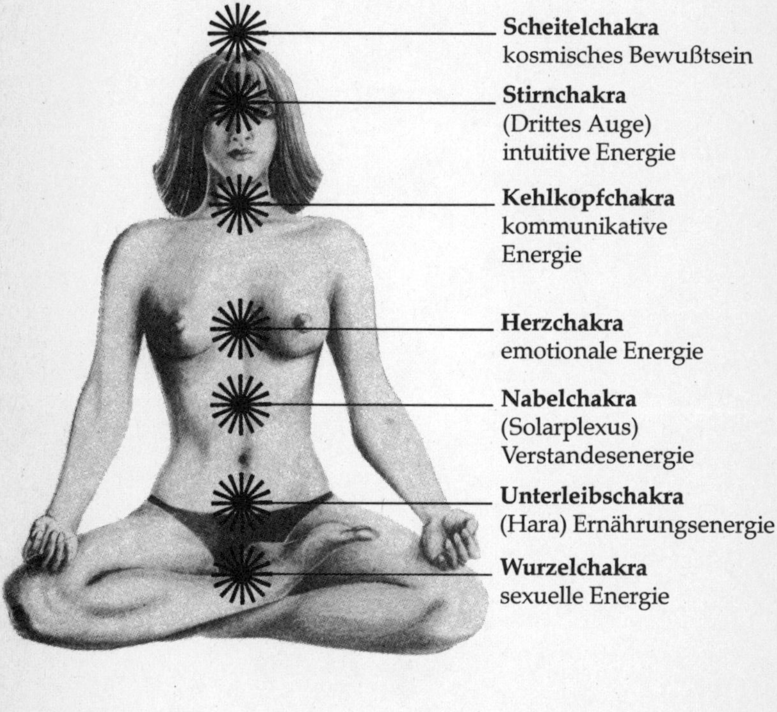

Die sieben Hauptchakras
des menschlichen Energiekörpers

Vorwort

Vor vierzehn Jahren wurde Lilla eine ungewöhnliche Erfahrung zuteil. Sie begann, Energien wahrzunehmen, die dem menschlichen Auge normalerweise verborgen sind. Bis zu diesem Zeitpunkt führte sie ein normales, ausgefülltes Familienleben und ging einer Vielzahl von Hobbys nach, malte, lief Schlittschuh, stickte und nähte. Nun fing sie an, sich für Karate und Yoga zu interessieren, und widmete sich diesen neuen Beschäftigungen mit der ihr eigenen Hingabe und Ausdauer, jenen Eigenschaften also, die für den Erfolg eines Unternehmens stets von entscheidender Bedeutung sind.

Sieben Jahre später, als sie an einem Yoga-Intensiv-Seminar in Glastonbury, England, teilnahm, erlebte sie das, was man als die Erweckung innerer oder auch geistiger Kräfte bezeichnen könnte. Zwei Faktoren mögen da begünstigend hinzugekommen sein: Erstens ist Glastonbury als ausgesprochener Ort der Kraft berühmt; zweitens herrschte in dem Kloster, in dem das Seminar stattfand, durch die andauernden Gebete der Schwestern eine besonders energiegeladene Atmosphäre.

Das Programm umfaßte ein weites Spektrum an yogischen Übungen, Gebet und Meditation, deren ohnehin tiefgreifende Wirkung bei Lilla noch intensiviert wurde, da sie zum damaligen Zeitpunkt aufgrund einer Darminfektion tagelang nur Traubenzucker zu sich genommen hatte. Ob es nun ausschließlich daran lag oder ob die gesunde, den Körper reinigende Kost im Kloster ein übriges tat, jedenfalls konnte Lilla zunächst nichts bei sich behalten und unterzog sich so unfreiwillig einer Fastenkur.

Das Zusammentreffen solch begünstigender Umstände führte zu dem, was die Inder als das Erwachen der Kundalini bezeichnen, wenn die am Ende der Wirbelsäule zusammengerollte Schlangenkraft zum Scheitel aufsteigt und dabei das Bewußtsein transformiert.

Die plötzlich freigesetzte Energie war dermaßen stark, daß Lilla von ihrem Bett förmlich hochgerissen wurde und schon zu fürchten begann, es handele sich um einen epileptischen Anfall. Doch dann erlebte sie jenes wunderbare Gefühl, von dem sie sagt, daß man es weitergeben muß, wenn man es einmal erlebt hat.

Lilla stellte fest, daß sie mit einem Mal winzigste Strukturen und Energiefelder wahrnehmen konnte; daß sie die Vibrationen im Innern eines Atoms, in Steinen, Bäumen und Pflanzen hörte. Sie war jedoch alles andere als erfreut darüber und empfand ihr neues Wahrnehmungsvermögen eher als lästig und in hohem Maße erschreckend. Nichts war mehr so wie früher, wo sie ihre Energie auf die verschiedensten Interessengebiete verteilt hatte. Außerdem ließen sich diese neuen Erkenntnisse nicht mit den Lehren der katholischen Kirche, ihrem Glauben also, in Einklang bringen.

Die auftretenden Phänomene ließen sich aber auch nicht abschalten. Durch die geschlossenen Augenlider hindurch und selbst in der Dunkelheit sah sie nicht nur ihre Umgebung deutlich, sondern beispielsweise auch Gesprächspartner am Telefon oder verspätete Gäste, lange bevor diese an der Haustür klingelten.

Nun ist Lilla niemand, der sich so mir nichts, dir nichts einschüchtern läßt. Sie beschloß also, der Sache auf den Grund zu gehen, da sie wissen wollte, ob sie sich all das nur einbildete oder ob sie wirklich etwas ›sah‹. Mit großer Sorgfalt ging sie ans Werk, vertiefte sich zunächst in die einschlägige Literatur und arbeitete in einer psychiatrischen Klinik, um ein besseres Verständnis für anomale Zustände, bedingt durch ein verändertes Bewußtsein, zu erlangen. Sie verbrachte viele Stunden in tiefer Konzentration auf Gegenstände und deren Energiefelder, beobachtete und überprüfte sich immer wieder und verglich schließlich ihre Beobachtungen mit den Ergebnissen der Kirlian-Fotografie. Die Auseinandersetzung mit all dem fiel ihr durchaus nicht leicht, und während sie sich einerseits wünschte, daß die Erscheinungen einfach wieder verschwinden und ihre Forschungsarbeit ergebnislos bleiben würde, konnte sie andererseits nicht umhin, diese neue Wirklichkeit faszinierend zu finden.

In dem Maße, wie sie ihre Beobachtungen durch die Berichte anderer bestätigt fand, entwickelte sie ein eigenes, inneres Unterscheidungsvermögen.

Nach und nach ergaben ihre Beobachtungen eine Reihe interessanter Resultate. So fand sie zum Beispiel heraus, daß sie, wenn sie ihre Energien aktivierte oder bestimmte Körperteile stimulierte, den Gaumen reizte oder die Ohren bewegte, sich in einen veränderten Bewußtseinszustand versetzen konnte. Im Zustand der Meditation vermochte sie, ihre Gehirnwellenmuster zu verändern, doch war dies nachts einfacher zu bewerkstelligen als tagsüber. Sie lernte, während dieser Bewußtseinszustände ihre normalen Wahrnehmungs- und Denkmuster zu unterbrechen und so verborgene Facetten des Seins zu erkennen. Der erste Durchbruch gestaltete sich am schwierigsten, doch bestimmte

Laute und Symbole erwiesen sich als geeignete Helfer, um die Konzentration aufrechtzuerhalten oder den Vorgang der Energietransformation auszulösen.

Sie stellte fest, daß sie ihren Körper wie ein Werkzeug einsetzen konnte, um ihren Bewußtseinszustand zu verändern, wobei dieser immer nur über einen bestimmten Zeitraum hinweg aufrechterhalten werden konnte. Danach mußte sie sich erholen. Sie trainierte ihre Körperfunktionen durch Biofeedback und lernte, ihre Energieströme zu beeinflussen, bis sie verschiedene Gehirnwellenmuster produzieren und erkennen konnte.

Für die Effektivität jeder geistigen Tätigkeit ist Zielstrebigkeit die allererste Grundregel. Fiel einmal ein Ergebnis zu ungenau aus, begann Lilla von vorn. So arbeitete sie lange an einer Studie über die Ausbildung junger Mädchen im ägyptischen Tempeltanz. Lilla hatte nämlich herausgefunden, daß sie in einem früheren Leben in einem ägyptischen Tempel selbst heilige Tänze gelehrt hatte, und es gelang ihr, das alte Wissen zu reaktivieren.

Die Kandidatinnen wurden einem mehrstufigen Auswahlverfahren unterzogen. Auf der ersten Stufe waren Figur und äußeres Erscheinungsbild ausschlaggebend sowie das Wissen um die Kunst des Tanzes aus einer früheren Inkarnation. In dieser Phase erhielten die Mädchen keinerlei Anweisungen; sie wurden scheinbar sich selbst überlassen, in Wirklichkeit jedoch genau beobachtet. Auf diese Weise dekuvrierten sich die Faulen und Trägen ganz von allein.

Die nächste Phase bestand aus äußerst strengen yogischen Übungen, Konzentration, Meditation und praktischer Arbeit. Wer leicht ermüdete oder sich dauernd beklagte, wurde wieder nach Hause geschickt. Danach wurde die Ausbildung noch härter. Das Training umfaßte Übungen, die eine Manipulierung der Gehirnwellen bewirkten, Übungen zur Bewußtseinskontrolle und zur Beherrschung außersinnlicher Fähigkeiten. Was den Tanz betraf, so mußten die Mädchen schließlich mit der Musik und der Bewegung zu einer Einheit verschmelzen und dadurch die Zuschauer in ihren Bann ziehen. Die von Händen, Fingern, Beinen und Zehen auszuführenden Bewegungen mußten genauestens ›aufgezeichnet‹ werden, bis sich jede Schülerin ein umfassendes Wissen darüber angeeignet hatte, wie diese Körper und Bewußtsein beeinflussen. Nur ein Bruchteil der ursprünglichen Bewerberinnen schaffte es bis hierher.

Heute führt Lilla ab und zu Kurse zum Erlernen dieser heiligen Tänze durch.

Mehr und mehr wurde Lilla die Bedeutung der Energien im menschlichen Körper klar. So führen zum Beispiel bestimmte Störungen zu Energiestaus in den Füßen, etwa bei Epileptikern, und zu den warnenden Vorzeichen eines nahenden Gehirnschlags gehört der komplette Ausfall bestimmter Energien.

Immer dann, wenn die Energien im menschlichen Körper entweder zu schnell oder zu langsam fließen, kommt es zu Krankheiten mit den unterschiedlichsten Krankheitsbildern und Symptomen. Als ›psychisch gestört‹ bezeichnete Menschen besitzen häufig sogar außergewöhnliche geistige Fähigkeiten, die sie allerdings weder verstehen noch kontrollieren können.

Überschüssige Energie kann sowohl zu Visionen als auch zu akustischen Wahrnehmungen führen, bei denen der Betroffene Stimmen oder Musik hört, die er nicht ›abschalten‹ kann, wie beispielsweise im Fall des Komponisten Sergej Rachmaninow, der gegen Ende seines Lebens unter solchen Erscheinungen litt.

Hellsehen und Hellhören sollte man daher als vorhandene, aber schlummernde Fähigkeiten verstehen, die durch bestimmte Vorgänge ›erweckt‹ werden können, und nicht etwa als Wahnsinn.

Noch ein Wort zur Entstehung dieses Werks: Lilla diktierte den Großteil des Inhalts auf Band, und es war meine Aufgabe, daraus ein Buch zu gestalten.

Philippa Pullar

Einleitung

Die Kräfte des Universums waren zu jeder Zeit Gegenstand menschlicher Verehrung, wenngleich ihre Erforschung lange zu den Geheimwissenschaften zählte. Vielleicht erscheinen sie deswegen vielen Menschen so interessant, unter anderen denen, die sich ernsthaft damit auseinandersetzen, weil sie an sich selbst arbeiten, aber auch denen, die sich aus Machthunger mit ihnen beschäftigen. Die Geschichte der Menschheit zeigt allerdings, wie wenig diese bisher in der Lage war, geheimes Wissen sinnvoll zu nutzen; sie liest sich viel eher wie die Geschichte des Kampfes um die Monopolisierung der Energiequellen auf unserem Planeten.

Um zu verstehen, womit wir es eigentlich zu tun haben, wollen wir einen kurzen Blick auf eben jene Geschichte werfen.

Die erste, wichtigste Energiequelle ist das Land. Zu Anfang lieferte die fruchtbare Erde dem Menschen Nahrung, und er erkannte schon bald, daß er damit ein Druckmittel, ein Instrument der Macht in Händen hielt. Er verteidigte sein Land und eroberte darüber hinaus neues, was ihn in die Lage versetzte, mehr Nahrungsmittel zu produzieren und seine Macht zu vergrößern, und so fort. Die Gier nach immer größerem Besitz und nach mehr und mehr Macht ist der wahre Grund für unsere unruhige, von Kriegen beherrschte Geschichte. Immer neue Veränderungen führten schließlich zur industriellen Revolution, und es gelang dem Menschen, aus fossilen Brennstoffen Energie zu gewinnen, die er für sich arbeiten ließ. Langsam begann er, die Pflege seiner eigenen Kräfte zu vernachlässigen und zu vergessen.

Heute nun erkennen wir unsere große Abhängigkeit von der Existenz dieser Brennstoffe, und die Furcht beschleicht uns, daß die natürlichen Vorkommen eher früher als später erschöpft sein werden. Die Ideologie wirtschaftlichen Wachstums und seine modernen Hohenpriester, die Ökonomen, haben uns dennoch fest im Griff, was nicht verwunderlich ist, denn der Mensch unserer Tage hat sich zu einem gedankenlos und bedingungslos konsumierenden Wesen degradiert, das auch vor der Natur nicht haltmacht. Schon C. G. Jung hat festgestellt, daß der moderne Mensch in der Lage ist, wenn auch begrenzt, auf seine Willenskraft zu bauen. Er muß keineswegs Zuflucht zu rituellen Gesängen oder schamanischen Trommeln nehmen, und er kommt auch wunderbar ohne Gebet und die Bitte um göttlichen Beistand zurecht. Doch er bezahlt diese Befreiung vom Aberglauben mit einem unerhört hohen Preis: mit einem außerordentlichen Mangel an der Fähigkeit zur Introspektion. »Er will einfach nicht begreifen, daß er sich mit seinem uneingeschränkten Bekenntnis zur Ratio den niederen Kräften der Psyche ausgeliefert hat. Als Entgelt werden ihm Rastlosigkeit, mangelnde Vorstellungskraft, psychologische Komplikationen und eine schier unersättliche Genußsucht zuteil. Er hat sich vom Aberglauben so gründlich befreit, daß er das Bewußtsein für innere, geistige Werte gleich mit über Bord geworfen hat.«[1]

Dem Vormarsch des Materialismus begegnete die ›Hüterin der inneren Stimme‹, die orthodoxe Kirche, mit erstaunlicher Unzulänglichkeit. Sie zog sich in einen Elfenbeinturm zurück und diskutierte dort über Geburtenkontrolle und Unfehlbarkeit des Papstes. Aber auch das politische Establishment zeigte sich nicht weniger unfähig, mit den verheerenden Folgen einer rücksichtslos betriebenen wirtschaftlichen Expansion, der Luftverschmutzung und der Zerstörung wertvoller Ressourcen durch kurzsichtige Bewirtschaftungsmethoden (Monokulturen, sinnloses Abholzen der Wälder etc.) fertig zu werden. Die Zeit schien reif für ein vermehrtes Auftreten nonkonformistischer, holistisch ausgerichteter und umweltbewußter Gruppierungen, aber auch für einen Aufbruch in Richtung des östlichen Mystizismus. Das Gefühl wachsender Entfremdung sowohl von der Natur als auch vom eigenen Selbst und dem Mitmenschen wurde immer stärker und das philosophische Prinzip Descartes' »Ich denke, also bin ich« befriedigte immer weniger Menschen in einer Gesellschaft, die sich in Nationen, Rassen, Religionsgemeinschaften und politische Blöcke zergliedert und anstelle von Ausgewogenheit Extreme beziehungsweise Polaritäten pflegt: Ost–West, Schwarz–Weiß, Gut–Böse, Konservativ–Revolutionär, Intellekt–Intuition, Männlich–Weiblich.

Traditionellerweise haben wir es in der westlichen Welt eher mit einer Überbetonung des männlichen Prinzips, also einer Überbetonung der männlichen Aspekte der menschlichen Natur zu tun – Rationalität, Wettbewerbsdenken, aggressives Verhalten – und einer Unsicherheit gegenüber den weiblichen Aspekten, dem Mystischen, Intuitiven, Geistig-Okkulten.

Diese Polarität offenbart sich am deutlichsten in dem Bruch zwischen Religion und Wissenschaft. Trotz Quantentheorie, die die Einheit des Universums dargelegt hat, und trotz immer neuer, wissenschaftlicher Erkenntnisse, auf die wir noch zu sprechen kommen werden, sind beide scheinbar noch immer durch Welten voneinander getrennt. Die wissenschaftliche Methode bedient sich logischer Ableitungen, die auf immer wieder zu verifizierenden Experimenten beruhen. Das ›Heilige‹ oder Geheime mutet aus dieser Sicht wie purer Unsinn an, zumal jede Form der ›Verschleierung‹, wie in Glaubensdingen üblich, dem wissenschaftlichen Geist, dessen Bestreben ja die Erforschung und die Erklärung des Unbekannten ist, völlig zuwiderläuft. In der Praxis allerdings versagt die Wissenschaft als Religionsersatz, denn viele wissenschaftliche Erkenntnisse bleiben aufgrund ihres komplizierten Charakters den meisten Menschen leider ebenfalls unzugänglich.

Ironischerweise hat sich also das Blatt gewendet. In der Vergangenheit verstand sich die religiöse Elite als Hüterin des Wissens und als allein befugt, die Lehren auszulegen. Zwar waren die Weisen bestrebt, ihr Wissen der Nachwelt zu erhalten, aber sie sprachen davon nur in Form von Parabeln, Legenden und heiligen Texten, deren tatsächliche Bedeutung nur den Eingeweihten offenbar wurde. Für den Nichteingeweihten bedeuteten sie selten mehr als hübsche Geschichten oder Ratschläge fürs Leben. Heute nun haben wir es mit einer wissenschaftlichen Elite zu tun, die den Schlüssel zum Wissen über Ursprung und Wesen des Lebens in Händen hält – und noch immer ist für den größten Teil der Menschheit Erkenntnis ein Buch mit sieben Siegeln.

Wir kommen nun zur zweiten wichtigen Energiequelle unseres Planeten, der kosmischen Energie. Menschen mit der Fähigkeit, die Energien der Erde und des Kosmos ›anzuzapfen‹ und zu lenken, sind in der Lage, eine ungeheuere Macht über ihre Mitmenschen auszuüben. Die Neophyten der alten Initiationsschulen wurden in dieser Fähigkeit unter absoluter Geheimhaltung unterrichtet. Die Initiationsriten waren oft schmerzhafte, ja schreckliche Torturen, und wer geheimes Wissen preisgab, wurde mit dem Tode bestraft.

In unserer heutigen Zeit kann sich jeder, ohne über mystische Kräfte zu verfügen, unsichtbarer Energien bedienen: Strom, Heizung, Radio, Mikrowellen und Fernsehen haben nichts Geheimnisvolles mehr an sich und sind, wenn die Geräte fachmännisch geerdet sind, ungefährlich. In Forschung und Technik werden Sonar, Radar und Röntgenstrahlen eingesetzt. Man kann Schallwellen bei der Bekämpfung von Bakterienkulturen einsetzen, bei der Vermessung des Ozeans oder um Uhren zu reinigen.

Und doch machen all diese Kräfte nur einen Bruchteil des uns umgebenden Energiepotentials aus. Viele Formen von Energie bleiben unerschlossen, weil wir für ihre Andersartigkeit noch kein Verständnis erworben haben – zum Beispiel für die Energien im menschlichen Körper. Die Schulmedizin jedenfalls kann mit ihnen recht wenig anfangen, obwohl östliche Heiler sie als wichtigsten Diagnosefaktor betrachten, weil ein Mangel an Energie ihrer Erkenntnis nach die Krankheit überhaupt erst auslöst.

Für den westlichen Mediziner sind die chemischen Abläufe im menschlichen Körper ausschlaggebend, und deshalb klammert er bei der Behandlung des Patienten dessen Gefühlswelt aus. Der östliche Heiler dagegen schenkt den emotionalen, psychischen Aspekten der Krankheit seine volle Aufmerksamkeit.

In einem Punkt sind sie sich allerdings einig: daß der Mensch nämlich nur einen ganz geringen Teil seiner Gehirnkapazität nutzt. Das heißt, in Zahlen ausgedrückt, drei oder vier Prozent, der Rest liegt brach. Einstein, so wird behauptet, nutzte etwa zehn Prozent!

In der zweiten Hälfte des zwanzigsten Jahrhunderts erlebte die Religion zusammen mit anderen ›Konsumgütern‹

wie Alkohol, Tabak und Drogen einen wahren Boom. Indische Pandits hatten Hochkonjunktur, obwohl zwielichtige Sekten in den Zeitungen immer wieder für Schlagzeilen sorgten. Die östlichen Lehren büßten dadurch ihre Popularität jedoch nicht ein, denn ihre wirkliche Anziehungskraft liegt in ihrer Lehre von der Einheit aller Dinge und den intuitiven Aspekten, die dem frustrierten rationalen Westler soviel Hoffnung und Inspiration geben, daß er sogar bereit ist, exotische Namen und Gewänder zu tragen.

In der Zwischenzeit hat auch der materialistisch eingestellte Westen die Zeichen der Zeit erkannt, und der Büchermarkt ist überschwemmt mit esoterischer Literatur. Überall und von überall her tauchen ›Lehrer‹ auf, die Meditationskurse anbieten, und jede angepriesene Technik ist selbstverständlich der Schlüssel zum Unbewußten. Aber nur wenige machen sich die Mühe zu erklären, daß es auch zu physischen Veränderungen kommen kann, welcher Art diese sein können und wie man mit den Schwierigkeiten fertig wird, die auftreten, wenn das Normalbewußtsein mit den ihm eigenen Schwingungen verändert wird.

Statt dessen lassen sie sich in übertriebener und unangebrachter Weise verehren, obwohl doch die Rolle des Meisters oder Lehrers die ist, seinen Schüler dahin zu bringen, daß dieser fähig wird, die Übungen allein zu praktizieren, das heißt, ›den Körper wie ein Werkzeug zu gebrauchen‹. Kein wahrer Meister wird seine Person zum Mittelpunkt einer Übung oder zum Gegenstand der Meditation machen. So wie ein Adept weder von Drogen, Alkohol und Zigaretten abhängig sein sollte, darf er sich auch nicht von seinem Lehrer abhängig machen. Die alten Schulen kannten keine dieser Unsitten, die heute gang und gäbe sind, sei es, daß der Guru oder sein Bildnis Gegenstand der Meditation ist oder die Schüler Einheitskleidung tragen und ihrer Kultur fremde Namen und Gebräuche annehmen müssen. Seinem Guru ergeben zu sein ist etwas ganz anderes, als in Abhängigkeit von ihm zu geraten.

Die Bedeutung, die wir den östlichen Lehren für unser Dasein beimessen sollten, ist nicht die, orientalische Sitten zu adaptieren oder uns an östliche geistige Führer gleichsam anzuhängen. Vielmehr sollten wir den Funken der Inspiration und Weisheit auf uns überspringen lassen. Wir müssen unsere eigene Intuition wiedererwecken, unsere eigenen Fähigkeiten wiederentdecken, kurz, uns selbst in unserem Lebensraum entwickeln.

Um das zu erreichen, müssen wir zunächst wissen, womit wir es zu tun haben. Wir müssen die uns zur Verfügung stehenden Energien begreifen und lernen, sie zu kontrollieren. Es könnte sein, daß wir von einer Übung Abstand nehmen, sobald wir um ihre Natur und ihre Auswirkungen wissen. Für eine hypersensible Person etwa ist es nicht ratsam, eine Technik zu üben, die die Sensibilität noch steigert. Lillas eigener Meister (der übrigens ungenannt bleiben möchte) betonte immer wieder die Wichtigkeit der eigenen Erfahrung. So lernte sie Schritt für Schritt, die Vorgänge in ihrem Körper zu verstehen und zu beeinflussen.

Kein Guru der Welt kann uns dieser Aufgabe entheben. Was und wie wir lernen, hängt ganz von unserer inneren Reife und Empfänglichkeit ab. Die Worte eines Guru mögen noch so wahr und weise sein, seine Meditation noch so tief – er kann *uns* doch nicht ändern. Das können nur wir selbst. Wirkliche Unterweisung führt dazu, daß wir uns über die Probleme unseres Lebens klarwerden, um dann in der Meditation Antworten darauf finden zu können.

Dieses Buch bietet am Ende eines jeden Kapitels Anleitungen zur Entspannung, Atemübungen und Vorstellungstechniken, die dazu dienen, das Bewußtsein zu schärfen und zu entwickeln. Sie helfen Ihnen, kreativ zu sein und sie so anzuwenden, wie es Ihnen nützlich erscheint. Vielleicht halten Sie es für eine gute Idee, die Anweisungen auf Band zu sprechen, damit Sie ihnen während der Meditation folgen können. Detaillierte Yoga-Übungen finden Sie in der Farb-Therapie von Lilla Bek und Annie Wilson.[2]

Was immer wir auch anstreben, es ist unerläßlich zu wissen, was genau wir wollen und warum; was für Probleme auftreten und wie Fehler wieder gutgemacht werden können. Um es bildlich auszudrücken: Nehmen wir an, Sie leben am Ufer eines breiten Flusses. Da Sie nicht schwimmen können, müssen Sie jedesmal, wenn Sie ans andere Ufer wollen, etliche Kilometer bis zur nächsten Brücke marschieren. Wenn Ihnen jemand das Schwimmen beibrächte oder zeigte, wie man eine einfache Brücke baut, würden Sie entweder schwimmen lernen oder aber eine Brücke bauen.

Dieses Buch will Ihnen helfen, eine Brücke zu bauen und auf diese Weise vielleicht ein umfassenderes Bewußtsein zu entwickeln, damit Sie selbst in sich die Antwort auf die Frage nach Sinn und Ziel des Lebens entdecken.

1

Das System

Die Wissenschaft lehrt uns, daß es möglich ist, Kräfte und Energien zu kontrollieren und Materie zu transformieren. Ähnliches lehrt auch die christliche Religion, in der es zum einen zwar heißt, daß der Mensch sich die Erde untertan machen soll (woran sich die Mächtigen dieser Welt halten, deren Traum die Erlangung unbegrenzter Macht durch die Ausbeutung der Bodenschätze ist), andererseits aber meint sie damit vor allem, daß der Mensch lernen soll, seine inneren Energien und Kräfte zu kontrollieren, damit die Transformation zu einem geistigen Wesen gelingen kann. Dies ist der Kern aller religiösen Lehren.

Der Mensch soll selbst zu einem leistungsfähigen Transformator werden. »Ich sehe den Menschen als einen gleißenden Lichtkörper«, sagte der russische Wissenschaftler Viktor Injuschin, und »der lebende Organismus ist nichts anderes als ein gigantischer Flüssigkeitskristall; ein Halbleiter, bestehend aus einem hochkomplizierten System von Leitern verschiedener Leitfähigkeit.«[3] Diese Sichtweise des menschlichen Körpers als einem elektrischen Stromkreis ist ziemlich ungewöhnlich.

Und doch hat der Mensch gelernt, sich das Wasser, die Luft und die Schätze der Erde nutzbar zu machen, ja sogar

Tiere, Mineralien, Steine, Bäume und Blumen dienen ihm als Energielieferanten. So sind zum Beispiel Bergabhänge, an denen Ginster blüht, besonders energiegeladene Orte. Carl von Linné, der berühmte Naturforscher, soll beim Anblick eines Ginsterstrauchs ergriffen auf die Knie gesunken sein. Wenn wir also erst einmal in der Lage sind, Energien wahrzunehmen und zu steuern, eröffnen sich uns völlig neue Dimensionen und wir gewinnen erstaunliche Einsichten, auch über unsere Mitmenschen. Doch dazu später.

Zunächst wollen wir versuchen, den Begriff ›Transformation‹ zu spezifizieren. Wir haben es dabei mit Schwingungen zu tun, mit dem Phänomen des Lichts und diversen Arten von Energie, die unser Körper verträgt bzw. aufnehmen kann. Ich will noch eine Frage vorausschicken. Warum beschäftigen wir uns überhaupt mit diesem Thema? Worin liegt seine Faszination? Wollen wir unsere Kräfte verstärken und neue sammeln? Oder sind wir an intellektuellen Spielereien interessiert? Wenn wir nämlich mit der falschen Grundeinstellung an diese Dinge herangehen, werden wir uns mehr schaden als nützen, denn wir werden den Kräften, die wir entdecken, nicht gewachsen sein und darüber hinaus einen Kurzschluß in unserem eigenen System verursachen. Es gilt, verschiedene Sicherheitsvorschriften zu beachten, denn sowohl dem Mineral- und Pflanzenreich als auch dem Tierreich sowie den höheren Seinsformen sind bestimmte Schwingungen eigen, denen wir uns anpassen müssen.

Viele Menschen haben einen gesteigerten Energieverbrauch, weil sie sozusagen ›aus dem Gleichgewicht‹ geraten sind, beispielsweise durch falsche Ernährungsgewohnheiten, Streß, Mangel an Bewegung und eine unzulängliche Versorgung des eigenen Systems mit Sauerstoff. Religion, Yoga, kultische Handlungen und auch die diversen Schulen der Selbstverteidigung dienen im Grunde genommen alle demselben Zweck: Der Mensch lernt, Energie gezielt in seinen Körper zu leiten, anstatt sie zu vergeuden, und dadurch sein Bewußtsein auf höhere Ebenen zu heben. Die verschiedenen Religionssysteme unterscheiden sich vor allem in der Genauigkeit der Anleitungen, die dem Ausübenden zuteil werden. Lamaismus, Hinduismus und Buddhismus sprechen von einem ›zweiten Nervensystem‹, welches durch gezielte Übungen aktiviert wird.

Die alten Ägypter wußten um die Existenz von ›Relaisstationen‹ im Körper, deren Aktivierung veränderte Bewußtseinszustände hervorruft. Ihre Tempel sind gleichsam ›Bilderbücher‹ eines umfassenden esoterischen Wissens, und die Unterweisung in diesem Wissen war einer strengen geistigen Disziplin unterworfen. Der Initiationsritus entsprang unter anderem einer praktischen Überlegung: Er diente dazu, diejenigen unter den Schülern herauszufinden, deren persönliche Entwicklung weit genug fortgeschritten war und die keinen Mißbrauch mit dem erlangten Wissen treiben würden.

Die Initianden bedienten sich aller möglichen Techniken, um ihr Normalbewußtsein zu durchbrechen und sich in Zustände höherer Schwingung zu versetzen. Unter anderem wurde zu Drogen gegriffen, um dem Initianden so einen kurzen Einblick in den Zustand zu ermöglichen, auf dessen Erlangung er hinarbeitete. Nach einem solchen ›Ausflug‹ mußte er jedoch mit eigener Kraft und äußerster Disziplin weiterüben, denn das Ziel sollte ja im Prinzip ohne äußere Hilfsmittel erreicht werden. Im Tempel konnten sich die Initianden ungestört und geschützt vor der Außenwelt ganz der Erforschung ihrer Innenwelt widmen. Das hier zugrunde gelegte Konzept Innenwelt versus Außenwelt findet sich in veränderter Form in allen Kulturkreisen. Sowohl östliche

Völker als auch nordamerikanische Indianerstämme haben ein stark ausgeprägtes Bewußtsein für die Harmonie beider – ihrem Verständnis nach gleichwertigen – Welten ausgebildet; bei den Japanern stehen beide in einer engen Wechselbeziehung zueinander und stabilisieren sich gleichsam gegenseitig, während die Inder mehr Gewicht auf die Stärkung der Innenwelt legen. Die Außenwelt rangiert eher unter ›ferner liefen‹.

In unseren Breiten gibt es Personen und Personenkreise, die sich ganz der Innenwelt zuwenden, ohne Verantwortung für ihre Außenwelt zu übernehmen – das überlassen sie gern dem Staat. Wir müssen aber an beiden Aspekten arbeiten, und zwar diszipliniert.

Heute gibt es kaum mehr schützende Tempel, und statt durch Initiationsriten an abgelegenen Orten müssen wir uns in einer verschmutzten Umwelt, die von materialistischem Denken beherrscht wird, zu entwickeln versuchen. Das Leben selbst ist zur Initiationsprüfung geworden – und für viele zu einer erschreckenden Erfahrung.

Das taoistische Wort für Tempel heißt *kuan*, was soviel wie ›schauen‹, ›sehen‹ bedeutet. Der Tempel ist also ein Ort der Betrachtung, der Innenschau, und was wir nicht in uns selbst entdecken können – so lehren die Weisen –, können wir auch anderswo nicht finden. Wenn wir also beginnen, uns selbst zu beobachten, unser Inneres zu ergründen, werden wir nach und nach unsere Mitte wiederfinden.

Die Kirche als Unterdrückerin geheimen Wissens

Die christliche Lehre erwähnt mit keinem Wort die Existenz eines zweiten Nervensystems. In sehr vereinfachter Form behandelt sie das Thema Licht – Dunkelheit, Schattierungen gibt es nicht. Früchte geistiger Entwicklung wie das Hellsehen, Telepathie und Heilkräfte wurden früher als Magie und Zauberei angeprangert und mit dem Tode bestraft. Was sie hingegen klar und deutlich lehrt, ist, daß Energie in Form von weißem Licht direkt in den Körper geleitet werden kann, indem man sich der höheren Schwingungen bedient. Dies ist eine unglaublich schwierige Aufgabe, denn die eigenen Schwingungen müssen der hohen Schwingung des weißen Lichts angepaßt werden, was viel Übung erfordert. Der Gläubige ist deshalb angehalten, ein frommes Leben zu führen, um diesem Ziel näher zu kommen. Die meisten Religionen ermahnen die Menschen ja dazu, ein tugendhaftes Leben zu führen, und listen Gebote und Verbote auf, ohne allerdings befriedigend zu erklären, warum.

Nun, es ist eine Tatsache, daß wir uns durch ein ›gutes‹ Leben in höhere Schwingungen versetzen, durch Liebe, Mitleid, eine positive Ausstrahlung, innere Schönheit, Reinigungsübungen, Meditation, Gebet. Je höher die Schwingungen, in die wir uns versetzen, desto mehr Energie wird in und durch uns strömen und um so einfacher ist es, höhere Bewußtseinszustände zu erreichen. Um uns jedoch zunächst einmal in eine höhere Schwingung zu versetzen, benötigen wir einen ›Extraschub‹ an Energie. Ist unser eigenes System nicht stark genug, brauchen wir Hilfe, um unsere ›Versorgung‹ zu verbessern. Das kann durch rituelle Gesänge oder durch die kollektive Energie einer Gruppe geschehen, etwa in einem Gottesdienst oder durch die Teilnahme an den Sakramenten, die ursprünglich als eine Art Initiation in die wichtigsten Lebensabschnitte galt. Ein Großteil des Wissens wurde jedoch – aus überwiegend politischen Gründen, wie wir sehen werden – der Allgemeinheit vorenthalten.

Seit dem zweiten Jahrhundert nach Christus unternahm die orthodoxe Kirche gewaltige Anstrengungen, um sich als Institution zu etablieren. So entstand eine Hierarchie, deren Autorität derart omnipotent wurde, daß Gläubige sich ihrem Gott nur noch durch ihre Vermittlung nähern konnten.

Nun wissen wir, daß wir lernen können, die Energien in uns und um uns herum zu kontrollieren, was enorme Macht verleiht. Es gibt unzählige Beispiele von Menschen, die völlig im Bann solcher ›Mächtigen‹ stehen, sie verehren, sich an sie aufgeben. Die Kirchenväter fürchteten, daß ein Chaos ausbrechen könnte, wenn mehr und mehr Menschen die in ihnen schlummernden Kräfte erkennen und nutzen würden. Bereits unter den frühen Christen gab es herausragende Persönlichkeiten, deren innere Entwicklung weit fortgeschritten war, wie Tertullian schreibt:

> In unserer Gemeinschaft gibt es eine Schwester, der eine Reihe von geistigen Gaben zuteil wurde, wie zum Beispiel die Gabe der Offenbarung. Inmitten der Versammlung überkommen sie Visionen, während sie sich in einem ekstatischen Zustand befindet; sie kommuniziert mit den Engeln, manchmal sogar mit dem Herrn selbst. Sie sieht und hört rätselhafte Stimmen, erkennt die Herzen ihrer Mitmenschen und erhält Anweisungen zur Heilung Kranker.

Viele der frühen Christen heilten und sprachen ›in Zungen‹; es war ihnen möglich, ihren Bewußtseinszustand zu verändern, so daß sie keine Schmerzen empfanden, oder in einem veränderten Bewußtseinszustand ihren Körper zu verlassen, bevor die Flammen der Scheiterhaufen oder wilde Bestien ihn vernichteten.

Polycarp, Bischof von Smyrna, wurde im Jahre 156, am 22. Februar, zum Märtyrertod auf dem Scheiterhaufen verurteilt. Folgendes wird berichtet:

Eine mächtige Flamme schlug hoch, und dann wurde uns allen die Gnade eines Wunders zuteil. Die Flammen nahmen die Form eines gewölbten Daches an und umgaben den Körper des Märtyrers wie einen Schutzwall. Der Körper verbrannte nicht, er leuchtete vielmehr von innen heraus wie Gold oder Silber im Brennofen beim Vorgange der Reinigung. Außerdem ging von ihm ein Duft aus wie von Weihrauch oder einem anderen kostbaren Gewürz.

Als offensichtlich war, daß er nicht verbrennen würde, wurde das Urteil in Tod durch Erdolchen umgewandelt. Daraufhin entwich eine Taube seinem Körper, und er verblutete. Aus seinem Körper floß soviel Blut, daß es das Feuer löschte.

Blandina, eine andere christliche Märtyrerin, verfügte nach Aussagen von Augenzeugen über solch erstaunliche innere Kräfte, daß ihre Folterknechte sich abwechseln mußten, weil sie erschöpft waren. Ihr geschundener Leib wurde schließlich wilden Tieren zum Fraß vorgeworfen, doch keines berührte ihn auch nur.

Die Gnostiker

Viel weniger bekannt und dokumentiert als die Christenverfolgung durch die Römer sind die Verfolgungskampagnen der Kirche selbst gegen alle christlichen Gruppen, die ihrer Meinung nach die Autorität der Kirche untergruben. Eine dieser Gruppen bildeten die Gnostiker; sie vertraten die Ansicht, jeder, der *gnosis* oder Gotteserkenntnis erfahren habe, transzendiere die Kirche und ihre hierarchische Autorität. Die Gnosis ist in erster Linie eine intuitive Form der Selbsterkenntnis. Sich selbst zu erkennen, so betonten ihre Vertreter, hieße auch, die Natur des Menschen und sein Schicksal erkennen und damit letztendlich Gott. Nur die eigene Gotteserfahrung zähle. So ist es nicht verwunderlich, daß die Kirche gegen die Gnostiker vorging, Pamphlete gegen sie verfaßte und sie der Magie, der Zauberei, der Fleischeslust und anderer Vergehen mehr beschuldigte.

In der Vergangenheit hat die Kirche die gnostische Lehre immer wieder verteufelt und gnostisches Schriftgut vernichtet. In neuerer Zeit sind allerdings viele der alten Texte erneut verbreitet worden, nachdem im Jahr 1945 ein umfangreicher Fund in Ägypten, in einer Höhle nahe Nag Hammadi, zutage gefördert wurde. Darunter befanden sich die geheimen Evangelien von Philip, Maria, Thomas und den Ägyptern (die noch im zweiten und dritten Jahrhundert nach Christus in Umlauf waren), ferner Mythen, Gesänge und mystische Gedichte sowie Werke über Magie und esoterisch zu nennende Übungen.

Aus diesen Texten geht hervor, daß die Gnostiker ihrerseits die Kirche der Heuchelei bezichtigten und die Bischöfe ›wasserlose Brunnen‹ nannten. Sie sprechen auch nicht von Erbsünde, Sünde, Reue und Bekehrung, sondern von Illusion und Erkenntnis, das heißt Erleuchtung. Jesus wurde als Führer auf dem Weg nach innen betrachtet; wer *gnosis* erlangte, war ihm ebenbürtig. In vieler Hinsicht mutet der Gnostizismus also eher östlich als westlich-christlich an. Einer der gnostischen Meister, Monoimus, lehrt:

Beginnt die Suche nach Gott in euch selbst. Erforscht die Ursachen eures Kummers, eurer Freude, der Liebe und des Hasses... dann werdet ihr Gott in euch selbst finden.

Die persönliche Erfahrung der Einheit mit Gott war also die tragende Säule des Gnostizismus. Nicht nur untergrub diese Auffassung die Autorität der Kirche, sie machte die Bischöfe einfach überflüssig. Die orthodoxe Kirche brauchte also ein theologisches Fundament, das die Kirche in ihrer Rolle als einziger Mittlerin auf dem Weg zu Gott festigte und keinen Raum ließ für individuelle Interpretation. Kirchliche Autorität statt Eigenverantwortlichkeit hieß die Parole, und daran hat sich bis heute nichts geändert.

Kaiser Diokletian kam der Kirche dabei ungewollt zur Hilfe, als er im Jahre 303 nach Christus rigoros christliches Schriftgut vernichten ließ. Kaiser Konstantin übertrug später den Kirchenvätern die Aufgabe, die Schriften neu zu verfassen, und verschaffte ihnen so die Möglichkeit, dabei nach eigenem Gutdünken Veränderungen vorzunehmen. Das Neue Testament in seiner heutigen Form ist in Wahrheit ein Produkt des vierten Jahrhunderts und enthält längst nicht alle ursprünglich dazugehörenden Bücher.

Schließlich soll noch der Glaube der Gnostiker an die Reinkarnation erwähnt werden, nach der *gnosis* die zweite Säule des Gnostizismus. Dieser Glaube lebte in verschiedenen Bekenntnisgemeinschaften weiter, zum Beispiel bei den Albigensern und den Kartäusern, die im Mittelalter als Ketzer verfolgt wurden. Er fand sich bei den Templern, Troubadouren, Alchimisten, Freimaurern und Rosenkreuzern wieder. Die Kirche hat sich davon nicht nur entschieden distanziert, sie hat diesen ›Irrglauben‹ öffentlich angeprangert, und unter Kaiser Justinian wurde er im Jahre 533 nach Christus auf dem Fünften ökumenischen Konzil verflucht: Sollte jemand behaupten, es gäbe eine Präexistenz der Seele und damit einhergehend die absurde Vorstellung von mehreren Leben, der sei verdammt.

Obwohl Reinkarnation und Präexistenz der Seele keineswegs austauschbare Begriffe sind, so impliziert der Glaube an frühere Existenzen natürlich auch die Möglichkeit zukünftiger Leben. Joseph Head und S. J. Cranston vertreten die Meinung, daß man gar nicht von einer offiziellen Ablehnung der Reinkarnation als unchristlicher Doktrin sprechen könne, da an dem bewußten Konzil weder der damalige Papst noch die führenden Bischöfe teilgenommen hätten.[4] Wie dem auch sei, die Tatsache besteht, daß in neuerer Zeit eine wachsende Zahl von Vertretern der Kirche dem Gedanken der Reinkarnation positiv gegenübersteht.

Das zweite Nervensystem

Der vielleicht wichtigste Gedanke der Evolutionstheorie ist der von der Entwicklung des Bewußtseins. Ausgangsbasis ist eine Urenergie oder Lebenskraft, die sich auf verschiedene Weise manifestierte. Wasserstoff fusionierte zu immer höheren Elementen, und der Grundstein für die Entwicklung organischen Lebens war gelegt. Nach und nach entwickelten sich Mineral-, Pflanzen- und Tierreich, die in jedem Entwicklungsstadium eine höhere Schwingung und Mobilität erreichten. Am vorläufigen Ende dieses Prozesses haben wir die Spezies Mensch, die sich außerdem durch einen freien Willen auszeichnet.

Das Konzept der Evolution besagt also, daß sich aus niederen Seinsformen ständig höhere Seinsformen entwikkeln, denen auch jeweils ein höheres Bewußtsein zu eigen ist, und daß jede Manifestation der Energie, seien es Planeten, Kristalle, Pflanzen oder Gestein, in kontinuierlicher Entwicklung begriffen ist. Honoré de Balzac faßte das Wesen der Evolution in folgendem Satz zusammen: »Ich spüre in mir ein Licht, so hell, daß es die ganze Welt erstrahlen lassen könnte, und bin doch in einer Art Mineral eingeschlossen.«

Genau darum handelt es sich bei der Schöpfung: eine Kraft, eine Grundessenz, die immer existiert hat und die sich auf verschiedenen Seinsebenen unterschiedlich ausdrückt. Der Physiker David Bohm spricht von Materie als gefrorenem Licht, von der Masse als einem Phänomen, bestehend aus gebündelten Lichtstrahlen, deren Bewegungen Strukturen bilden. Je höher eine Spezies sich entwickelt, um so ausgeklügelter sind auch ihre biologischen Nutzungsmöglichkeiten des Lichts. D. Milner und E. Smart erklären, daß die Reaktion der Pflanzen auf das Licht für die Entwicklung der Sehorgane verantwortlich sei[5] und damit verbunden für die Erschließung einer neuen Bewußtseinsdimension, die wiederum zur Erkenntnis des Bewußtseins führte. Allmählich kam es zur Bildung von weiteren Hilfsmitteln, die schließlich ihre Funktionen autonom wahrnahmen.

Jede einzelne Zelle besitzt eine sogenannte Aura sowie einen bestimmten Grad an Bewußtheit; selbst eine Amöbe erzeugt Licht und hat ein gewisses Selbstbewußtsein, das sie dazu veranlaßt, auf Impulse zu reagieren. Um auf einer höheren Ebene kommunizieren zu können, bedarf es eines Systems, das zum einen höhere Schwingungen empfangen und zum anderen ein Resonanzfeld aufbauen kann, in dem diese gleichsam aufgefangen und verarbeitet werden. Je weiter wir uns nach oben orientieren, um so deutlicher erkennen wir, daß die Entwicklung der Gefühle sich von den Urinstinkten hin zu den höheren Empfindungen wie Liebe und Mitleid vollzieht. Milner und Smart nennen dieses Prinzip von der Entwicklung hin zu höheren Formen des Bewußtseins das ›Wissen um das Wissen‹.

Der höchste Bewußtseinszustand ist der des kosmischen Bewußtseins und gipfelt in der Erkenntnis, daß nichts von dem anderen unabhängig oder getrennt ist. Je höher der Gipfel, um so weiter der Horizont, und so erfahren wir in einem Gipfelerlebnis einen Zustand, in dem alle Grenzen aufgehoben sind und der sich mit Worten nicht mehr beschreiben läßt. Worte sind Bilder, die eine bestimmte Vorstellung vermitteln und für die Beschreibung solcher Zustände einfach unzulänglich sind.

Der urzeitliche Mensch war sich seiner meist feindlichen Umwelt ständig bewußt, was zur Ausbildung eines überaus feinen Warn- und Schutzsystems führte. Es gibt Stämme, wo dieses System heute noch intakt ist – wie übrigens auch bei Tieren, die in ihrer natürlichen Umwelt leben. Laurens van der Posts Bücher über die Buschmänner der Kalahari[6] sind aufschlußreiche Dokumente der Fähigkeit, mit den scharfen Urinstinkten Nahrung und Feinde aufzuspüren oder auch das Wetter sowie zukünftige Ereignisse vorherzusagen.

Doch seit der Mensch in Schuhe und Kleidung schlüpfte und begann, sich mit den Städten eine relativ sichere Umgebung zu schaffen, hat er die geschärften Sinne seines zweiten Nervensystems mehr und mehr eingebüßt. Die neue Umgebung machte es erforderlich, intellektuelle Fähigkeiten zu entwickeln, wir wurden ›kopflastig‹. Zwar gibt es immer wieder Personen, die die natürliche Fähigkeit des Menschen, instinktiv zu reagieren, nicht verloren haben – sie sagen zum Beispiel Erdbeben und Stürme voraus – und mit Pendel oder Wünschelrute umgehen können, um Wasser, Mineralien oder andere Energieströme aufzuspüren.

Doch unsere Füße haben ihre ursprüngliche Empfindsamkeit verloren – wer von uns ist sich schon der Schwingungen der Erde unter uns bewußt –, seit wir sie an Schuhe gewöhnt haben.

So sind es in der Hauptsache Arme und Hände, die sich noch eine gewisse Sensibilität erhalten konnten, und viele Heiler benutzen sie als ›Antennen‹, um die Vibrationen ihrer Patienten zu erspüren. Die Techniken zur Selbstverteidigung sind in hohem Maße ein Training der Fähigkeit, die feinen Energien, die von einem Gegner ausgehen, zu erkennen.

Die meisten von uns sind jedoch derart auf rationales Funktionieren eingestellt, daß dieses phantastische System, das an und für sich spontan in Kraft treten könnte, nur noch fehlerhaft reagiert.

Dieses zweite Nervensystem, das rechts und links vom zentralen Nervensystem und an ihm entlang verläuft, ist in den östlichen Lehren genauestens beschrieben. Die Meridiane und Kraftzentren waren dort stets wichtiger Bestandteil sowohl der meditativen als auch der medizinischen Praxis. Im Westen hat die Vorstellung davon erst in neuerer Zeit Beachtung gefunden.

In Amerika führte Dr. Robert Becker am Veterans Administration Hospital in Syracuse, New York, Forschungsarbeiten durch, die seine Theorie von einem zweiten Nervensystem, das der Wissenschaft bislang unbekannt war und das dem uns bekannten ähnelt, belegen sollen. Sein Interesse wurde durch zwei Beobachtungen geweckt: Erstens fragte er sich, warum höherentwickelte Lebewesen keine Gliedmaßen mehr nachbilden können (wie es zum Beispiel der Salamander noch tut), und zweitens, warum die Heilung von Knochen der einzige wirklich regenerative Prozeß bei Primaten ist.

Im Laufe seiner jahrelangen Forschungsarbeiten entdeckte Becker, daß es möglich ist, Knochen und Gewebe auch bei anderen Tieren als dem Salamander zu regenerieren. So gelang es ihm, durch elektrische Stimulierung des Beinstumpfes einem Frosch ein vollständig neues Glied zu ›schaffen‹, mit neuen Knochen, Nerven, Gelenkpfanne, Knorpel und allem.

Seine Theorie klingt für konservative Ohren reichlich provozierend und ist auch keineswegs unumstritten, dabei deckt sie sich im Grunde genommen mit unserem Verständnis vom Wesen der Natur.

Dieses zweite System, so Dr. Beckers Erklärung, kontrolliert das Wachstum, den Knochenheilungs- und Regenerationsprozeß, es tritt bei Hautverletzungen in Aktion und ist an der Wirkungsweise von Hypnose, Akupunktur und einiger schmerzlindernder Medikamente beteiligt. Zur Zeit herrscht in den orthodox-wissenschaftlichen Kreisen noch die Anschauung vor, daß Zellen in ihrer Funktion unveränderbar spezialisiert seien. Die Untersuchungen Beckers – der übrigens 1978 für den Nobelpreis nominiert wurde – legen jedoch die Vermutung nahe, daß sie reprogrammiert werden können, um auch andere als die ursprünglich vorgesehenen Funktionen zu übernehmen. Er entdeckte ›Verstärkerstellen‹, von denen entsprechende Signale ausgehen, und fand außerdem heraus, daß diese mit den traditionellen Akupunkturpunkten übereinstimmen.

Beckers Hypothese deckt sich nicht nur mit der Akupunkturtheorie der Chinesen, sondern auch mit den esoterischen Lehren Indiens und Tibets, die von Verbindungspunkten oder ›Relaisstationen‹ der durch den Körper fließenden Energieströme oder Kraftzentren sprechen, die sie Chakras nennen und die die Energieströme entlang der Meridiane verteilen. Gerade auf diesem Gebiet sind großangelegte Forschungsarbeiten im Gange, auf die ich hier nicht näher eingehen kann, aber wenigstens ein Beispiel möchte ich doch anführen.

Der russische Wissenschaftler Viktor Adamenko hat ein Gerät entwickelt, einen etwa 30 Zentimeter langen batteriebetriebenen Akupunkturstab. Er wird über die Körperoberfläche geführt und gibt jedesmal, wenn er dabei auf einen Akupunkturpunkt trifft, ein Lichtsignal. Die Intensität des Signals ist ein Hinweis auf den Gesundheitszustand der betreffenden Person.

Das zweite Nervensystem ist unmittelbar mit dem Kosmos verbunden. Es besteht aus größeren und kleineren Kraftzentren, die, je nach Kultur, Chakra oder Akupunkturpunkt heißen. Die sieben Hauptzentren entsprechen in etwa den Drüsen des endokrinen Systems, während kleinere Nebenzentren überall vorkommen: in den Handflächen, Fußsohlen, Knien, Ellbogen, Hüften und Schultern sowie auf der Haut. Jedes dieser Zentren ist zugleich Empfänger, Umwandler und Sender. Sie haben die Form kleiner Wirbel, die Energien verschiedenen Ursprungs absorbieren und umwandeln, um sie dann erneut auszusenden. Sie fungieren also als Transformatoren: Ihre Aufgabe ist es nicht nur, feinstoffliche Energien aus höheren Welten in den physischen Körper zu leiten, sondern sie auch so umzuwandeln, daß dieser sie absorbieren und schließlich verwenden kann. Auf diese Weise ist es dem Menschen möglich, höhere Gefühlsregungen, Weisheit und Einsicht zu erfahren.

Um überhaupt zu Emotionen in der Lage zu sein, müssen wir die Energie modifizieren, weil sie sich sonst lediglich als gewöhnliche physische Vitalität äußern würde. Jedem Chakra sind, je nach der Stärke der Tätigkeit, bestimmte Farben zu eigen, die sich im Fall von Störungen gegenseitig beeinflussen. Außerdem bewegen sie sich verschieden schnell und unterscheiden sich auch darin, wie sie die feinstofflichen Energien akkumulieren. In der Regel pulsieren die höheren Chakras schneller, ist dies jedoch einmal nicht der Fall und schwingen sie mit niedrigerer Frequenz, leiten sie grobstoffliche Energien in die Zentren.

Medial begabte Menschen beschreiben die Chakras als ›Lotosblüten‹ mit unterschiedlich vielen Blütenblättern. Der Blütenstengel entspringt einem Punkt des Rückgrats, so daß wir uns das Rückgrat als einen zentralen Stamm vorstellen können, aus dem in bestimmten Abständen Blüten entspringen, deren Kelche sich auf der Oberfläche des Ätherkörpers oder Astralleibs öffnen.

Je nach Zustand der Chakras können wir positive oder negative Kräfte ›ansaugen‹, die das Chakra in eine rotierende Bewegung versetzen. Dieser Interaktionsmechanismus ermöglicht es uns auch, negativen Einflüssen entgegenzuwirken, wie zum Beispiel düsteren Gedanken, Bakterien und Viren, indem wir sie transformieren und freisetzen. Im Fall von erkrankten Organen wird das Problem auch auf die Nebenzentren verlagert und schließlich über die Haut aus dem Körper entfernt. Der Komponist Stockhausen behauptete wiederholt, daß es ihm möglich sei, sich in bestimmte Bereiche seines Körpers zurückzuziehen, und daß er manchmal eine sehr präzise Empfindung einzelner Zellen habe.[7] So spürte er angeblich, wenn eine Bakterie oder ein Virus in ihn eindrang, desgleichen, wenn es ihm gelang, sie unschädlich zu machen, indem er versuchte, die chemische Struktur der Zellen zu verändern.

Jedes Chakra besteht aus sich gegenseitig durchdringenden Schichten, von denen jede wiederum mit höheren Schichten verknüpft ist. Die Energie aus den höheren Welten wird über das Zentrum des Chakras zum physischen

Körper geleitet. Kurz bevor sich Chakras öffnen, verstärken sich die Energien, bis ein wirbelartiger, starker Sog entsteht und eine Öffnung bildet. Die stärksten Stellen des Chakras behalten ihre Anziehungskraft bei, und wenn die Energie schwächer wird, bilden sie wieder die ursprüngliche Struktur. Wenn sich ein Zentrum zu früh öffnet und die Energie sich gewaltsam ihren Weg bahnt, kann es vorkommen, daß die Öffnung sich nicht wieder schließt, was einen ungesunden Zustand herbeiführt. Die Aktivierung der Chakras befähigt den Menschen zu den unglaublichsten Dingen, aber der Körper muß darauf vorbereitet sein, sonst ist er dem Ansturm der nun ungehindert aufsteigenden Energie nicht gewachsen.

Jedes Chakra pulsiert in einem ihm eigenen Rhythmus, einige schnell, andere langsam, je nachdem, wie ein Mensch seinen Körper gebraucht. So pulsiert zum Beispiel das Hüftchakra bei Läufern und Tänzern stärker als das Schulterchakra. Stellen wir uns jede Zelle des Körpers als ein Reservoir vor, in dem Energie zusammengerollt liegt, und den Menschen als ein Wesen, das gänzlich aus solchen Energiespiralen besteht. Auch in den Akupunkturpunkten bewegt sich die Energie spiralförmig. Ist die Spirale zu eng oder zu weit, ist der Energiefluß gestört.

Kehren wir nun noch einmal kurz zur Evolution zurück. Nach neuesten Erkenntnissen bestehen Mikrokosmos und Makrokosmos aus größeren und kleineren Energiezentren – unser Universum ist also dynamischer Natur. Es befindet sich in unaufhörlicher Bewegung: Wasserstoffwolken verdichten sich zu Sternen, dehnen sich spiralförmig aus und bilden Planeten; es gibt gigantische Explosionen; schwarze und weiße Löcher; Kugelsternhaufen; Spiralnebel. Es gibt eine Art kosmisches Nervensystem; Vorfälle in entfernten Teilen des Universums haben ihre Auswirkungen auf den gesamten Kosmos, wie auch ein Ereignis in einem Teil des Körpers den Körper in seiner Gesamtheit betrifft.

Zu Beginn unseres Jahrhunderts gelang der Physik mit der Quantentheorie ein entscheidender Durchbruch, der den Abgrund zwischen Wissenschaft und Religion eigentlich hätte überbrücken müssen. In seinem Buch *Das Tao der Physik* faßt Fritjof Capra das Wesentliche darüber sehr verständlich zusammen.[8] Man hatte herausgefunden, daß Materie nichts anderes ist als eine Form von Energie und daß es keine selbständigen, ›isolierten‹ Materieklumpen gibt, sondern daß alles mit allem, wie bei einem feinen Gewebe, in einer hochkomplizierten kosmischen Wechselbeziehung zueinander steht.

Capra beschreibt eine Vision, die er nach der Einnahme von psychotropen Pflanzen hatte: Er ›sah‹ Energieströme gleich Kaskaden sowie die einzelnen, rhythmisch pulsierenden Partikel; er ›sah‹ die Atome der Elemente, die sich mit seinen Körperatomen zu einem kosmischen Tanz vereinigten, ›sah‹, was er bislang nur aus graphischen Darstellungen, Diagrammen und mathematischen Gleichungen kannte.

Materie ist dauernde, rhythmische Bewegung, deren Muster von den molekularen, atomaren und nuklearen Strukturen bestimmt wird.

Das Atom selbst ist nichts anderes als eine ›Hülle‹, in deren Innerem kleinste Teilchen, die von elektrischen Kräften zusammengehalten werden, um den Atomkern kreisen. Oder anders ausgedrückt: Die Atome, aus denen jede Materie besteht, bestehen selbst fast nur aus leerem Raum. Materie (wie Sand, Gestein, Wasser, Luft) ist aber auch eine besondere Ausdrucksform von Energie und kann in andere Energieformen umgewandelt werden. Alles besteht aus vibrierenden Molekülen, die ihrerseits aus interagierenden

Partikeln bestehen, die selbst neue erzeugen und andere zerstören. Auch die Atmosphäre unseres Planeten ist ununterbrochene, rhythmische Bewegung von Energien, die verschiedenste Ausdrucksformen annimmt. Alle Dinge sind Ansammlungen von Atomen, deren Bewegung Klänge hervorruft.

Für die vielfältigen Erscheinungsformen auf unserer Welt ist die Wechselwirkung zwischen den positiv geladenen Atomkernen und den negativ geladenen Elektronen verantwortlich – man kann sie als die Grundlage aller Dinge bezeichnen. Die Beschäftigung mit dem Atom lehrt uns eine Menge über das Universum und uns selbst. Jeder Mensch ist ein potentieller Transformator mit einer individuell ausgebildeten Fähigkeit, Energien in seinen Körper zu leiten. Eine Gruppe vergrößert dieses Potential. Jede Stadt, jedes Dorf ist einem Chakra vergleichbar; es gibt Orte mit stärkerer Energie, wie Kirchen und Universitäten zum Beispiel, und solche mit schwächerer Energie. Die Erde selbst wird von Kraftströmen, ähnlich den Meridianen, durchzogen, die miteinander verbunden sind und kosmische Energie sammeln; ihre Schnittstellen sind wahre Energiezentren. Eine ›schwache‹ Gruppe, die sich zum Beispiel an einem solchen Ort der Kraft versammelt, kann hier ihre Energien stärken; in gleicher Weise kann eine ›starke‹ Gruppe einen Ort mit ihrer gesammelten Kraft aufladen.

Je weiter unsere persönliche Entwicklung fortschreitet, um so mehr werden wir uns unseres eigenen Selbst bewußt. Gleich einer Pflanze, die sich zum Licht hin entwikkelt, müssen auch wir lernen, uns voll zu entfalten, universell zu werden. Das bedeutet nichts anderes, als über jede Seinsstruktur erhaben zu sein; es bedeutet, Energien bewußt aufnehmen zu können, Atome zu beherrschen und ihre Struktur verändern zu können. Christus hat eben dies getan, als er Tote auferweckte und Fische und Brot vermehrte.

In solch einem kosmischen Bewußtseinszustand ist alles möglich: Wir können uns an einem Ort aufhalten und zugleich an einem anderen manifestieren oder, wie manche der modernen Gurus, an mehreren Orten zugleich. Auch sie erwecken Tote und beherrschen die Levitation. Allerdings erheben sie den Anspruch, selbst die Wahrheit zu sein; in Wirklichkeit sind sie ein mit der Wahrheit verbundenes Bewußtsein. Die alten Texte, das Yoga-Sūtra des Patañjali beispielsweise, warnen ausdrücklich vor den Gefahren, die mit solchen Kräften einhergehen und die spirituelle Weiterentwicklung blockieren können. Wer sich in dieser Richtung entwickelt, wird sicherlich Macht erlangen, oft auch zu Reichtum kommen, aber auf lange Sicht ist es völlig sinnlos, solche Fähigkeiten zu erwerben, wenn man sie mißbraucht. Die Bibel berichtet, daß Christus dreimal versucht wurde – auf die Bedeutung dieser Versuchungen werden wir an anderer Stelle eingehen.

Die Körper des Menschen

Der Mensch besteht aus mehreren Körpern. Man spricht von sieben Manifestationen oder Vehikeln, die durch die Chakras verbunden sind, durch welche die Energieströme in die verschiedenen Körper gelangen. Obwohl sie sich gegenseitig durchdringen, werden sie doch auch unabhängig voneinander gebraucht und jedes Vehikel hat seinen eigenen Schwingungsbereich.

Der Körper, der dicht genug ist, um für das Auge sichtbar zu sein, ist der physische Körper. Wenn wir die Kontrolle über ihn erlangt haben, können wir auch bewußt mit unseren feinstofflichen Körpern kommunizieren. Jeder Mißbrauch, den wir mit unserem physischen Körper treiben, verringert unser Potential; ein geschwächter Körper ist der Weiterentwicklung abträglich. Daher muß der physische Körper gestärkt werden, wenn er uns von wirklichem Nutzen sein soll. Wir sollten ihn als ein Hilfsmittel betrachten, dessen wir uns bedienen und das schließlich seine materielle Struktur im Zuge der Transformation verliert.

Der Ätherkörper ist eine direkte Nachbildung des physischen Körpers und erstreckt sich ein wenig über diesen hinaus. Man kann ihn sich als ein Energiefeld vorstellen, das den physischen Körper durchdringt und aufrechterhält, oder als eine Art Stützgewebe, bestehend aus unzähligen feinen Kraftadern, die sich netzähnlich überkreuzen und aus ätherischem Material bestehen. Die Schnittstellen vieler solcher Adern nennen wir Chakra; die Schnittstellen weniger Adern bilden ein kleineres, ein Nebenchakra. Der Ätherkörper ist ein Spiegel der persönlichen Lebensweise: hell und strahlend bei Menschen, die ein aufrechtes, gutes Leben führen, und verunreinigt bei Menschen, die ein zügelloses Leben führen und dadurch viele Schwingungen in ihm abgetötet haben. Der Ätherkörper belebt und kräftigt den physischen Körper und versorgt ihn mit den lebensnotwendigen Energien der Erde und des Kosmos in umgewandelter Form, so daß er funktionieren kann.

Der Astralkörper besitzt eine höhere Schwingung als der Ätherkörper und der physische Körper. In ihm entstehen Emotionen und Wünsche – Lust, Schmerz, Liebe, Haß –, die den physischen Körper mitformen. Bei den Wünschen muß zwischen positiven und negativen unterschieden werden. Der Wunsch nach Weiterentwicklung der eigenen Persönlichkeit, nach mehr Mitmenschlichkeit usw. ist positiv; der nach exzessiven Genüssen und egoistischer Selbstzufriedenheit negativ. Wenn sich die Chakras eines Menschen öffnen, kann der Astralkörper durch den physischen Körper wirken, wird jedoch Mißbrauch getrieben, zeigen sich Verunreinigungen am Ätherkörper, die ebenfalls ihre Auswirkungen auf den physischen Körper haben. Der Vorgang ist auch umgekehrt möglich. Wenn der physische Körper erkrankt, wird der Ätherkörper in Mitleidenschaft gezogen, die Chakras schließen sich, und der Astralkörper ist blockiert.

Noch tiefer, im Kern des Chakrasytems, liegt der Mentalkörper. Auch er durchdringt die anderen Körper, ist also keineswegs auf das Gehirn beschränkt, wie man annehmen könnte. Der Mentalkörper manifestiert sich in vier Ebenen, auf die wir hier jedoch nicht näher einzugehen brauchen, und entwickelt sich durch Lernprozesse. Er fungiert als ausgleichendes Element zwischen allen Körpern und sorgt dafür, daß die Energien möglichst effektiv gesammelt werden. Gedanken sind Energieformen, und unsere geistige Entwicklung hängt davon ab, wie und worauf wir unsere Gedanken konzentrieren. Die Gnostiker lehrten, daß der Geist das Licht des Körpers sei: Erlangt Kraft, denn der Geist ist stark. Erhellt euren Geist. Zündet das Licht in euch an.

Auf einer bestimmten Stufe seiner Entwicklung spürt der Mensch den Drang, kreativ zu sein, sich auszudrücken. Er schafft sich Symbole und Archetypen, zu denen er einen Bezug hat, in denen er sich erkennen kann. Doch die Beschäftigung mit dem Unsichtbaren bringt viele Probleme mit sich.

Alle Religionen – und besonders anschaulich tut dies der Hinduismus – kleiden ihre Erkenntnisse in Mythen, erschaffen zu diesem Zweck ein ganzes Pantheon, das unzählige Götter und Göttinnen bevölkert, deren Inkarnationen und Abenteuer den Stoff für phantastische, symbolhafte Erzählungen liefern.[9] Der Zen-Buddhismus bedient sich paradoxer Aussagen, die dem Schüler die Grenzen der Logik und seines Verstandes klarmachen sollen. Wie effizient der Mentalkörper arbeitet, hängt davon ab, wie er gebraucht wird; so ist die Imagination beispielsweise ein phantastisches Hilfsmittel für Heilung und Selbstheilung. Wenn wir in unserer Phantasie jedoch den Kühlschrank leer fressen, verschwenden wir die Energie ganz einfach ungenutzt. Genauso vergeuden wir sie, wenn wir Ideen fruchtlos hin und her bewegen, unsere Willenskraft also nicht lenken können.

Gedanken-Formen

Gedanken sind Formen, die ihre eigene Farbe, ihren eigenen Geruch und Klang haben und dem Ätherkörper eingeprägt werden. Jede Erfindung begann als ein geformter Gedanke, als ein unsichtbares Gebilde auf der ätherischen Ebene. Milner und Smart beschreiben eine Technik, die es möglich macht, bislang unsichtbare, ätherische Kräfte zu fotografieren.

Sie entdeckten, daß die verflochtenen Energieströme, die sich auf ihren fotografischen Platten erkennen ließen, Strukturen bildeten, die denen von Drahtwürmern, Tausendfüßlern, Farnen, Blumen, Quallen, Raupen, Dornbüschen und versteinerten Pflanzen aus der Urzeit ähnelten. Des weiteren entdeckten sie Gemeinsamkeiten im Aufbau von Pflanzen und Tieren, zum Beispiel hinsichtlich des Nervensystems, des Blutkreislaufs und der Gewebestrukturen. Sie schließen daraus, daß Materie sich zu formen begann, als ätherische Strukturen zu mineralischen Strukturen erstarrten. Ätherische Kräfte sind also universell die Grundlage jeder Materie, jeder Manifestation von Energie. Jede physische Gestalt hat demzufolge ein ätherisches Double, das fürs Auge unsichtbar ist.

Die Intensität und Beständigkeit des ›Eindrucks‹, den ein Gedanke im Ätherkörper hinterläßt, hängt von der geistigen Kraft des Denkers ab. Ein starker Geist vermag Gedanken zu formen, die Hunderte von Jahren existieren. Daher widmete man der Kontrolle der Gedanken in den Tempeln viel Zeit und Aufmerksamkeit – ein ›Training‹, das heute noch genauso wichtig ist wie damals. Denn schlechte Gedanken sind eine Art Luftverschmutzung auf mentaler Ebene, die den Ätherkörper ebenso belastet wie die Umweltverschmutzung den physischen Körper. Aus diesem Grund spielt der Aspekt der Reinigung in allen Religionen eine besondere Rolle. So wie wir unseren physischen Körper pflegen, von unnötigem Ballast befreien, sollten wir auch unsere feinstofflichen Körper reinhalten, sie von überflüssigen Ideen und negativen Gedanken befreien.

Die Alten wußten um die Macht von Gedanken-Formen und wie man sich ihrer bedient, wie man seine eigenen Energien auflädt, indem man in Gruppen, unter Bäumen und im Zentrum von Steinkreisen zusammenkommt. Steine sammeln die Energie der Sonne und geben zu bestimmten Tageszeiten diese Energie in verstärktem Maße wieder ab – Steinkreise zum Beispiel kurz vor Sonnenaufgang. In Ägypten wurden massive Statuen vorgemeißelt, die zum Zeitpunkt der Ausstrahlung von den Priestern als riesige Götternachbildungen vollendet wurden. Je größer die Statue, um so mächtiger und einflußreicher die Kraft, um so zwingender die gedankliche Form.

Handlungen wie diese entfesselten tatsächlich enorme Energien, denn ein solcher Gott wurde zum ständigen Begleiter, dessen Gegenwart man stets spürte, der einem sogar in Träumen erschien. Die Bibel verbietet aus diesem Grund die Verehrung von Götzenbildern. Denn Statuen sind im Grunde Aufladegeräte – der Mensch konnte sich mit ihrer Kraft verbinden und so seine eigene steigern. Unter dem Einfluß von Gebeten und rituellen Handlungen erhöht sich die Kraft der Statuen ebenso wie unter dem Einfluß der Sonne: Sie absorbieren die durch die Gebete erzeugten höheren Schwingungen.

Die zentralen Figuren der Hare-Krishna-Sekte sind zum Beispiel die Götter Radha und Krishna. Die Jünger des Kults singen, tanzen und trommeln vor den Statuen und bringen ihnen mehrmals am Tag Naturalien als Gaben dar, mit dem Erfolg, daß sie sie mit enormer Kraft aufladen. Wer allerdings seinen Geist einer Person oder einem Gegenstand öffnet, der sich durch Verehrung immer wieder neu auflädt, läuft Gefahr, sich in geistige Sklaverei zu begeben. Dazu gehört auch die Anbetung von Fotos oder Bildern von Gurus bzw. regelmäßige Meditation davor.[10]

Im Sport ist der mächtige Einfluß von Gedanken-Formen besonders deutlich spürbar. Sensible Sportler können unter dem Einfluß negativer Schwingungen aus dem Publikum in ihrer Leistung gebremst werden. Diese Tatsache erklärt sicher, warum im Fußball Heimspiele oft zu einem Heimerfolg führen, während ein Auswärtsspiel eine viel größere Zerreißprobe darstellt, da die allgemeine Stimmung eher für die heimische Mannschaft ist. Um sich dem Einfluß starker Gedanken zu entziehen, bedarf es eines ebenso starken Geistes, wie um sie zu erzeugen.

Henry Gris und William Dick, die die Sowjetunion bereist haben, berichten, daß die Russen an einem großen Forschungsprogramm mit dem Schwerpunkt Parapsychologie arbeiten und daß an den Untersuchungen eine Reihe geheimgehaltener Forschungslaboratorien für parapsychologische Experimente beteiligt sind.

Untersucht werden alle möglichen Phänomene, angefangen von den UFOs bis hin zu geheimnisvollen Schneemenschen, Heilkräften, Reinkarnation, Hypnose und Regression. Gris und Dick gehen sogar so weit, zu behaupten, daß einige dieser Experimente sich mit Charakterveränderung befassen, aber auch mit der Korrektur von Sprachproblemen wie Stottern, Bettnässen, Asthma, Frigidität, Alkoholismus und Bluthochdruck.

Andere Experimente gelten der Beeinflussung des Selbstbewußtseins – so wird den Testpersonen suggeriert, daß sie erfolgreiche Sänger, Pianisten, Schriftsteller, Schachspieler seien. Agenten der CIA hinter dem Eisernen Vorhang haben Beweise dafür, daß die Russen bereits in der Lage sind, auf telepathischem Weg und über größere Entfernungen hinweg das Verhalten von Personen zu verändern, ihre Emotionen zu beeinflussen, sie einzuschläfern, ja sogar umzubringen, indem sie zum Beispiel den Opfern den Tod durch Angst, Ersticken oder tödliche Hiebe auf den Kopf suggerieren.

In den geheimen Forschungslabors unserer Tage steht, so heißt es, nicht mehr der atomare Krieg im Mittelpunkt des Interesses, sondern die geistige Kontrolle über jene Personen, die ihn auslösen könnten. Selbstverständlich kommt dabei die Möglichkeit der militärischen Nutzung parapsychologischer Fähigkeiten nicht zu kurz. Die Fähigkeit, mit Gedanken-Formen umgehen zu können, ist nach wie vor von größter Bedeutung, und zwar nicht nur in der hohen Politik. Auch unsere Städte sind Brutstätten für Myriaden von negativen Gedankenströmen, die die Atmosphäre infizieren und auf diese Weise in unseren persönlichen Freiraum eindringen.

Die Aura

Wissenschaftliche Methoden ermöglichen Experimente, die belegen, daß der physische Körper unter bestimmten Umständen Veränderungen erfahren kann und daß er von einem elektrischen Feld, auch Aura genannt, umgeben ist. Diese Aura umhüllt ihn wie ein elektromagnetischer Schutzschirm und kann bei der Umwandlung von Gedanken-Formen wirkungsvoll eingesetzt werden. Die Aura besteht aus den Energien aller Körper des Menschen und verbindet zugleich die kosmische Energie mit den Energien der Erde.

Das fotografische Verfahren des Russen Semjon Kirlian machte die menschliche Aura erstmals sichtbar. Dieses Verfahren wird derzeit weiterentwickelt, um es bei der Diagnose von Krankheiten einsetzen zu können. Kirlian war eigentlich ein Mechaniker, der, angefangen von Fahrradlampen bis hin zu Röntgengeräten, alles reparierte. Jahrelang experimentierte er mit Hilfe seiner Frau in ihrer winzigen Wohnung. Er verwahrte seine Ausrüstung, unter anderem einen Tesla-Hochfrequenz-Generator, im Schlafzimmer, das untertags zum Labor wurde. Im Verlaufe seiner Forschungen erhielt er wiederholt so starke Stromschläge, daß er zu Boden stürzte.

Im Jahr 1971 starb seine Frau an den Folgen der ständig herrschenden Hochspannung (200000 Volt!): zerrüttetes Nervensystem, körperlicher Verfall. Mit Hilfe von Kirlians Apparaturen wurden Auren von Blättern und anderen Gegenständen sichtbar, schimmernde Lichtbereiche, helle, flimmernde Muster. Die Fotografie eines menschlichen Fingers machte schließlich deutlich, daß die Aura eines Menschen sich entsprechend seinem psychischen und physischen Zustand verändert.

Auren sind so individuell wie die Menschen selbst. Die Aura einer stark vibrierenden dynamischen Person geht weit über ihren Körper hinaus, sie kann sich über das Haus, das sie bewohnt, hinauserstrecken; die Aura eines niedrig schwingenden Menschen nimmt entsprechend wenig Raum ein, vielleicht nur die Ecke eines Zimmers. Der Ätherkörper erstreckt sich ein wenig über den physischen hinaus, der Astralkörper etwa 30 bis 60 Zentimeter, der Mentalkörper kann sich unendlich weit ›ausdehnen‹, je nach den physischen Fähigkeiten der betreffenden Person.

Die Aura erstrahlt um so schöner, je stärker ihr Besitzer ist, und dehnt sich um so mehr aus, je ›besser‹ ein Mensch ist. Sie befindet sich in ständiger Bewegung und ändert ihr Aussehen, je nachdem, worauf sie stößt. Manche Menschen sind in der Lage, gegen ihre Person gerichtete Gedanken mit der Aura abzufangen. Wenn eine Person einen Gedanken auf eine andere Person richtet, so wird eigentlich die Energie dieses Gedankens projiziert. Die Alten dachten sich diese Projektionen als Schlangen, die ein Opfer angreifen. Stellen wir uns also eine zusammengerollte Energieschlange vor, die sich aufrollt und anschließend ihre Beute angreift. Mit diesem Vergleich lassen sich die Energiemuster verdeutlichen, die im Geist und der Aura einer Person schlummern.

Vorausgesetzt, daß der Schutzschirm, die Aura, stark ist und sich hoch über den Kopf hinauserstreckt, werden Gedanken-Formen, die auftauchen, aufgelöst oder zurückgeschickt. Dringt eine solche Gedanken-Form jedoch in die Aura ein, trifft sie auf das Energiefeld des physischen Körpers und wird dort aufgelöst. Personen, deren Aura geschwächt ist, ziehen diese schützend zusammen; unbewußt haben sie Angst vor allem Negativen, und ihre Aura nimmt eine graue Färbung an.

Menschen mit starken Chakras sind durch einen diamantähnlichen Mechanismus geschützt, an dem Gedanken-Formen abprallen und zurückgeschickt werden, ohne notwendigerweise umgewandelt worden zu sein. Wenn ich weiß, daß ein Mensch negative Gedanken gegen mich schleudert, kann ich diese allerdings umwandeln und positiv zurückschicken – auf diese Weise verringert sich die Kraft der negativen Gedanken-Formen in dieser Person. Erinnern wir uns: Gedanken-Formen sind Energie, und diese ist umwandelbar.

Wir sollten lernen, negative Gedankenansammlungen in unserer Aura von vornherein zu vermeiden. Denn die setzen sich in den Chakras fest und verunreinigen sie. Deshalb ist es ratsam, viel Zeit im Freien zu verbringen, in den Bergen, am Meer. Reinigende Rituale, die Opfer, Tanz, Gesänge und Musik einschließen, sind seit alters her eine bewährte Methode, um Energien zu wecken, die in mannigfaltiger Weise nutzbar sind, zum Beispiel um Gedanken-Formen aufzulösen.

Orte, an denen starke Schwingungen herrschen, sind ebenfalls geeignet, negative Energien aufzulösen: Berge, einsame Gegenden, aber auch Gewitter und Menschen mit starken Energiefeldern sowie diverse Atemübungen können da einiges bewirken.

Übung

Nehmen Sie sich jeden Tag Zeit, um Ihren Geist zu entleeren und still zu werden, konzentrieren Sie sich auf Ihre Aura. Dabei stellen Sie sich vor, daß Sie selbst und Ihre Aura rein sind und daß die Umgebung, mit der Sie in Berührung kommen, ebenfalls gereinigt wird.

Setzen Sie sich zunächst einmal bequem hin, und beginnen Sie den Raum um sich herum zu spüren. Wie fühlt er sich an? Sauber? Oder vollgestopft, verunreinigt? Spüren Sie Blockaden? Die Aura muß sich unbedingt im Gleichgewicht befinden: Fühlen Sie sich in ihrer Mitte – oder zu weit oben oder unten? Wenn die Aura weit über den Kopf hinausragt, ist meistens zu wenig Energie in den Füßen. Oder haben Sie keine Ahnung, wie der Raum sich anfühlt? Das weist auf eine Blockade in Ihrem System hin – die Energien können nicht ungehindert fließen, und irgendwo herrscht ein Energiemangel.

Wir müssen unser Bewußtsein verändern und die Energieströme konstruktiv einsetzen, um herauszufinden, was um uns herum geschieht. Beginnen Sie mit einer einfachen, stärkenden Atemübung – am besten gleich nach dem Aufstehen.

Strecken und dehnen Sie sich ausgiebig, dadurch kann Ihr Körper Verkrampfungen lösen, die die Bauchatmung erschweren würden.

Als nächstes beginnen Sie, richtig zu atmen. Atmen Sie kräftig aus, dann ruhig ein, und füllen Sie dabei den unteren Teil Ihrer Lungen, indem Sie den unteren Teil des Zwerchfells einschalten; bei der Ausatmung übt es einen sanften Druck auf die Bauchorgane aus, bei der Einatmung hebt sich die Bauchdecke. Füllen Sie nun den mittleren Bereich der Lungen. Dabei weitet sich der Brustkorb. Die Schultern heben sich leicht, und der Bauch wird leicht eingezogen, wodurch sich die oberen Bereiche der Lunge füllen. Dieser Atemvorgang besteht nicht aus drei Abschnitten, sondern ist eine fließende Bewegung. Atmen Sie langsam aus. Halten Sie den Brustkorb in seiner Position. Der Bauch zieht sich zunächst etwas ein, und wenn die Luft aus den Lungen entweicht, hebt sich die Bauchdecke wieder.

Das ist die Grundatemtechnik, die bei allen Atemübungen angewendet wird.

Atmen Sie nun siebenmal auf diese Weise, und zwar den Rücken entlang aufwärts, dann siebenmal an der Vorderseite abwärts. Spüren Sie, was Sie tun, und gehen Sie jedesmal ein wenig weiter aus sich heraus. Beobachten Sie, wie weit Sie im Verlauf des Ein-Aus-Atmens kommen, und bilden Sie die Form des aurischen Eies. Als nächstes wiederholen Sie diese Übung, indem Sie den Atem die rechte Körperseite hinaufwandern und entlang der linken hinabwandern lassen. Beim Einatmen wandern Sie aufwärts, beim Ausatmen abwärts, siebenmal.

Nun ist der Sie umgebende Raum sauber. Er hat einen angenehmen Geruch und Klang, seine Qualität hat sich verbessert. Wenn Sie Ihren Raum derart leeren und mit der Vorstellung von all den schönen Dingen, die Sie lieben, füllen, fließt ein Großteil der schlechten Schwingungen ab. Die innere Sammlung auf den Lebensbaum, Wasser, Berge, Pflanzen, Leiterformen und Spiralen, kann Ihnen helfen, von Ihrem Normalzustand in einen höheren zu reisen, indem Sie Ihre eigenen Schwingungen erhöhen.

Denken Sie nun an den Raum unter Ihren Füßen. Machen Sie sich die Chakras in Ihren Füßen bewußt – sie müssen besonders gut entspannt werden, denn sie bewirken Reaktionen im Stirnchakra, Scheitelchakra und Nakkenchakra. Entspannen Sie die Zehen und die Zehenzwischenräume, umfassen Sie im Geist die Ferse. Streicheln Sie die Fußsohlen in Ihrer Vorstellung, und spüren Sie, wie die verschiedenen Energien dort beginnen, positiv zu strahlen. Denken Sie an warmes Wasser, weiches Gras oder Morgentau, bis die Füße sich entkrampfen. Wenn die Ferse entspannt ist, entspannt sich der ganze Fuß, und die Energieströme steigen durch die Knöchel auf.

Lassen Sie Ihren Geist nun zu den Knien wandern, und setzen Sie alle negative Energie, die sich dort angesammelt hat, frei. Wenn Sie sich wohlig und entspannt fühlen, öffnen sich Ihre kleinen Zentren. Wandern Sie nun zur Hüfte weiter. Die Chakras dort fühlen sich entspannt und positiv an, sie pulsieren kräftig. Wandern Sie weiter in den Bauch; lassen Sie alle Anspannung aus ihm herausfließen. Als nächstes wandern Sie in die Lungen. Versuchen Sie, den Luftaustausch, der in ihnen stattfindet, zu spüren; sie fühlen sich weiß und rein an, ihre Ausstrahlung stärkt den ganzen Körper.

Sie fühlen sich gestärkt und sehr lebendig. Die Energien strömen in Sie ein, wie ein Strom fließen sie durch die Zehen und in die Wirbelsäule, die sofort reagiert, sich entspannt und öffnet. Ungehindert kann so die Energie der Erde aufsteigen und sich mit der kosmischen Energie vereinigen. Stellen Sie sich den Scheitelpunkt als eine goldene Fontäne vor, die kosmische Energien anzieht und Sie in ein leuchtendes Lichtwesen verwandelt.

Nun haben Sie sich selbst und Ihren Raum transformiert. Versuchen Sie, die vibrierenden Lichtfäden, die Ihr Körper aussendet, zu spüren wie feines Haar, das Sie streicheln und durchkämmen.

Wenn Sie sich und Ihren Raum gereinigt haben, werden verstärkt Energien umgewandelt. Sie ziehen nun vermehrt kosmische Energie an, ebenso die Kräfte der Erde. Sie ziehen sie an und wandeln sie um, und was Sie nicht verwerten, wird von der Erde absorbiert.

2

Die Grundchakras: Ausscheidungs- und Fortpflanzungsorgane

Tiere drücken ihre Gefühle oft durch Schwanzwedeln aus. Der Schwanz ist für sie einerseits ein Hilfsmittel, um überschüssige Energie abzuleiten, andererseits benutzen sie ihn auch als Energiekollektor, indem sie ihn hin- und herbewegen. Wenn Ihr Hund bei Ihrem Anblick heftig mit dem Schwanz wedelt, erhöht er sein Energiepotential und reagiert darauf, indem er freudig an Ihnen hochspringt. Wenn eine Katze jedoch mit ihrem Schwanz schlägt, wird sie gleich darauf angreifen. Absicht und Reaktion sind zwar verschieden, doch der Vorgang des Energiepumpens ist derselbe.

Der Mensch hat im Laufe seiner Entwicklung das Schwanzglied verloren, seine Energie verdichtete sich und rollte sich am Steißbein spiralförmig ein. Man könnte die aufgerollte Kundalini als den Schwanz des Menschen bezeichnen. Diese Energie kann Zustände höchster Spannung verursachen, wenn sie blockiert wird, und manchmal in Form von Gewalttätigkeit regelrecht explodieren. Wenn sie jedoch angeregt wird und zum Scheitel aufsteigt, aktiviert sie auf ihrem Weg nach oben sämtliche Chakras.

Höhepunkte / Gipfelerlebnisse

Wir haben uns alle schon mal ›obenauf‹ gefühlt und wüßten gern, wie wir dieses Gefühl aufrechterhalten bzw. hervorrufen können. Daher sollten wir uns zunächst vor Augen führen, daß unser ›körperliches Rüstzeug‹ in jeder Hinsicht dafür ausgestattet ist, Energien zu transformieren und zu intensivieren. Selbst die Kirche hält ihre Gläubigen dazu an: »Erhebet eure Herzen zu Gott«, oder, anders ausgedrückt, »erhöht eure Schwingungen auf die höchste Ebene, die des weißen Lichts«.

Die meisten von uns können ihr Bewußtsein jedoch nur schwer von der physischen Ebene befreien und es zu einer höheren aufsteigen lassen. Es gehört schon fast Heldenmut dazu, sich über die gewohnten Grenzen einer sicheren Umgebung hinaus zu erheben, und doch müssen wir uns über die Grenzen unserer individuellen Persönlichkeit hinauswagen, wenn wir die anderen Welten befreiend erfahren und uns mit ihnen vereinen wollen.

Das Anheben der eigenen Energien kann auf verschiedene Weise erfolgen. Bei einer ausgesprochen sensiblen Person mag es schon dadurch geschehen, daß sie sich in Einklang befindet mit einer ähnlich schwingenden Person. In der Regel ist es dem Menschen jedoch nur im Augenblick des sexuellen Höhepunkts möglich, ein Erlebnis zu genießen, das über die Körperebene hinausgeht. Im Sex wird gleichsam Energie gepumpt, und das Wurzelchakra öffnet sich. Die Energie wird freigesetzt und erregt alle Kraftzentren auf ihrem Weg zum Scheitel. Ein Orgasmus ist die Freisetzung ungeheurer Energien entlang der Wirbelsäule bis zum Scheitel. Für einen kurzen Augenblick hören wir auf, uns als individuelle Persönlichkeit zu fühlen, und genießen die Aufhebung der Ich-Grenzen. In der Meditation geschieht dasselbe, die Energie wird angehoben und steigt oft noch höher als im Orgasmus. Berninis Darstellung der völlig entrückten hl. Theresa mit halboffenem Mund und nach oben verdrehten Augen zeigt ein Gipfelerlebnis anderer Natur: Es ist ein mystischer Zustand, der die Energien freisetzt und für den man keinen Partner braucht.

Energiekreislauf im menschlichen Körper.
Bevor die Energieströme jedoch aufsteigen können,
um im Scheitelchakra freigesetzt zu werden,
muß der Energiekreislauf angeregt werden,
zum Beispiel durch die körperliche Vereinigung
von Mann und Frau,
von männlichen und weiblichen Energien also.

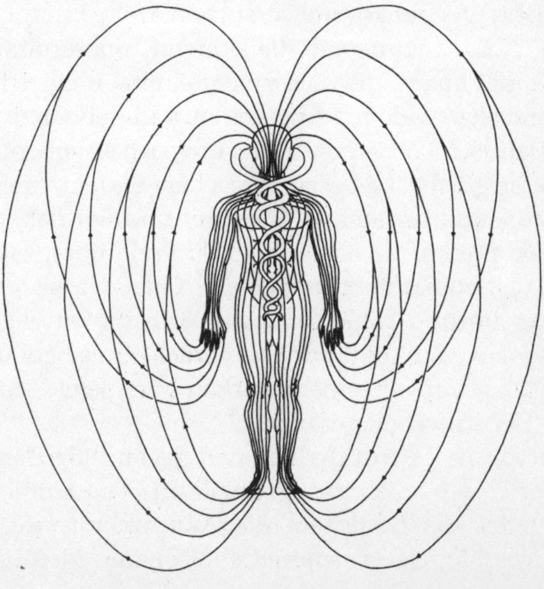

Wenn das Wurzelchakra erweckt und stark ist, animiert es die anderen Chakras und die kraftvoll aufsteigenden Energien treffen auf die Zirbeldrüse und die Hirnanhangsdrüse, die Hypophyse. Danach bahnt die Energie sich ihren Weg zum Scheitelchakra, und ab diesem Augenblick sind alle Grenzen aufgehoben.

Beim Geschlechtsverkehr wird Energie gepumpt, und die Grundchakras werden aktiviert. Menschen, bei denen diese Zentren schneller vibrieren, erreichen auch den Höhepunkt schneller als Menschen mit träger vibrierenden Zentren – diese haben oft genug Schwierigkeiten, überhaupt zum Höhepunkt zu kommen. Ein Mensch, dessen Grundchakras sehr schnell vibrieren, könnte zum Beispiel versuchen, die Kontrolle über seine Zentren zu erlangen, um zu verhindern, daß die ›gepumpte‹ Energie zu rasch verbraucht wird, das heißt, daß er seinen Höhepunkt zu bald erlebt. Oder er könnte versuchen, seine Energie auf ›indirekte‹ Weise anzuheben, die keinen Körperkontakt erfordert. Es gibt Paare, die dafür nicht einmal im gleichen Bett liegen müssen, weil ihre Energien auf allen Ebenen geradezu telepathisch korrespondieren und sich anheben.

Die körperliche Liebe ist also ebenfalls ein Energieaustausch. Wenn uns jemand anschaut und wir dabei weiche Knie bekommen, ist ein Funken Energie übergesprungen und hat einen Kontakt hergestellt. Oder wir sitzen neben einer Person und fühlen uns plötzlich schwindlig – was nicht heißen muß, daß wir uns verlieben, es bedeutet vielmehr, daß wir neben einem starken Energiefeld sitzen, das unsere Gehirnwellen verändert.

Natürlich ist es wunderbar, sich gegenseitig Zärtlichkeiten zu erweisen, es kann sogar heilsam sein, denn unter anderem reizt das Streicheln die Akupunkturpunkte. Eine sorgfältige Massage vermittelt ein genaues Gefühl für die

Energieströme, die unseren Körper durchlaufen. Wenn diese jedoch in Bewegung geraten und in den Kanälen aufsteigen, berühren sie alle Ebenen, und dieses Gefühl ist unbeschreiblich.

Manchmal staut sich ein übermäßig starkes Verlangen nach Sex an, nämlich dann, wenn wir ihn nicht bekommen können. Doch wenn wir einen Partner haben, mit dem wir diese Energie ständig austauschen, verschwindet der große Appetit auf Sex. Das gibt nun wiederum Anlaß zu mancherlei Kummer; man fragt sich, warum man selbst oder der andere keine Lust mehr habe etc., und versteht das zugrunde liegende Prinzip nicht. Denn es kann durchaus sein, daß etwas Positives geschehen ist, daß Sie und Ihr Partner ›zusammengewachsen‹ sind und auf allen Ebenen Energien austauschen, wodurch Sex als einziges und direktes Mittel des Energieaustausches überflüssig wird.

Je höher wir uns entwickeln, um so unwesentlicher ist auch das körperliche Erscheinungsbild. Gerade Menschen mit schweren seelischen Konflikten oder Krankheiten wünschen sich viel eher einen Partner, der heilende Schwingungen aussendet. Was uns selbst fehlt, das suchen wir instinktiv im anderen.

Gebrauch und Mißbrauch sexueller Energie

Die sexuelle Kraft ist nur eine von vielen Manifestationen der Lebenskraft. Unsere Vorfahren sahen in ihr einen verehrungswürdigen Aspekt der Natur. Sie wurde den Göttern als Opfer dargebracht, um diese zu besänftigen – die Freisetzung der Energie versöhnte die Götter.

Als unsere Vorfahren begannen, sich der Energieströme zu bedienen, wurden auch die Initiationsprüfungen in den

Tempeln umfassender, und die Initianden wurden im Gebrauch der Energien unterwiesen, um das geistige Wachstum voranzutreiben. Man hielt es außerdem für sinnvoll, eheähnliche Verbindungen einzugehen, die die Gemeinschaft stärkten und die Versorgung einer Familie erleichterten.

Das Verlangen nach einem Partner ist zugleich das Verlangen danach, die eigenen Energien anzuheben. Eine rein sexuelle Beziehung gleicht einem Bombardement des Wurzelchakras, das daraufhin zuviel Energien freisetzt, die für die höheren Chakras unbrauchbar sind. Die Entwicklung unseres Bewußtseins wird dadurch weder gefördert noch angeregt. Sexuelle Kraft ist jedoch – wie jede Form von Energie – umwandelbar.

In den tantrischen Praktiken wird der Mann angehalten, seine Ejakulation zu kontrollieren, damit die so gesteigerte Energie für esoterische Übungen verfügbar ist. Die Frau wird darin unterwiesen, wie sie ihre Schwingungen anheben und diesen Zustand aufrechterhalten kann, damit der Partner seine Schwingungen anheben kann. Sie übte sich in der Kunst, den Zustand der Erregung möglichst lange aufrechtzuerhalten, wodurch sie enorme Energien produzierte, die sie dem Partner zufließen ließ.

Diese Praktiken sind derart machtvoll, daß sie die Pforten zu vergangenen Leben öffnen können oder gar die Fähigkeit, in die Zukunft zu schauen, bewirken, weshalb sie auch von Hohenpriestern angewendet wurden. Tantriker haben sich ein besonders umfassendes Wissen über die erogenen Zonen des Körpers angeeignet. Sie spielen auf ihm wie auf einem Instrument, dem sie die wunderbarsten Töne und Empfindungen entlocken können. Eine einfache Übung, die man allein ausführen kann, soll verdeutlichen, wie die Körperteile miteinander harmonieren.

Nehmen Sie Ihren kleinen Finger, umfassen Sie ihn mit der anderen Hand und drücken Sie ihn. Ihre Ausscheidungs- und Geschlechtsorgane sollten darauf ansprechen. Der nächste Finger sollte auf die Bauchgegend und den Solarplexus einwirken; der mittlere auf das Herz, der Zeigefinger auf Hals bzw. Kehle, Augen und Stirn; der Daumen schließlich sollte eine Empfindung des Friedens auslösen – einer der Gründe für das Phänomen des Daumenlutschens bei Kindern.

Bei einer anderen Technik erhöhen Sie die Schwingungen in Ihrem Körper, indem Sie die Fingerspitzen beider Hände langsam zueinander führen. Oder Sie stellen sich Ihren Partner als eine Gottheit vor – dadurch statten Sie ihn mit einer archetypischen Form von Energie aus, die er sonst nicht besitzt.

Sex hat also viele Aspekte. Wir sollten ihn jedoch weder exzessiv üben noch unterdrücken. Wenn unsere Grundeinstellung nicht stimmt und wir uns zu sehr auf den Bereich der Sexualität konzentrieren, wird diese einseitige Übung Krankheit zur Folge haben. Andauerndes Essen ist ebenso schädlich wie zu langes Fasten, was nur den Wunsch nach einem üppigen Mahl steigert. Wenn wir unsere Sexualität unterdrücken, wird sie sich in Phantasien äußern, die ebenso wie Promiskuität nur Energieverschwendung sind.

Stellen wir jedoch fest, daß wir sehr sexorientiert sind, sollten wir uns nach dem Grund dafür fragen. Wenn wir keinen Sport treiben, um die Energie umzuwandeln und freizusetzen, steht unser System unter Hochspannung und es kommt zu einem Energiestau in den niederen Chakras. In manchen Fällen explodiert diese überschüssige Energie in gewalttätigen Aktionen, in anderen Fällen fühlt sich ein Mensch, der mit negativen Energien überladen ist, zu Personen mit reinen Energien hingezogen, vielleicht zu einem

Kind. Ein solches Zusammentreffen kann dazu führen, daß der Stau sich in unkontrollierten Handlungen entlädt, in Lust, Wut oder Gewalt. Ein Kraftüberschuß ohne die Kontrolle durch Schutz- und Erhaltungsinstinkte kann einen Menschen wahnsinnig werden lassen.

Obwohl durch Masturbation sexuelle Spannungen abgebaut werden, führt andauernde Masturbation zur Schwächung des eigenen Systems, da es nur zur Stimulierung des Wurzelchakras, nicht aber zu einem Energieaustausch kommt. Außerdem besteht die Gefahr, daß die betreffende Person es ›verlernt‹, auf andere, externe Impulse zu reagieren. Früher hat man ihre gesundheitlichen Gefahren zwar übertrieben, aber dennoch in einem Punkt recht gehabt, daß nämlich die Praktik der Masturbation gerade in jungen Jahren schädlich ist, da sie Energien verbraucht, die den Wachstums- und Reifeprozessen zufließen müßten.

In unserer Zeit gehört der regelmäßige Orgasmus zum Bild des aufgeklärten Konsumenten: Jeder sollte ihn wollen und – wie natürlich alles andere auch – möglichst oft haben. Das Ergebnis dieser Geisteshaltung ist eine Gesellschaft von promiskuitiven Neurotikern. Promiskuität hat eine, meistens verkannte, sehr subtile Wirkung auf unseren Energiehaushalt. Im Geschlechtsakt absorbieren wir die Energie des Partners, und für einen kurzen Augenblick passen wir uns einander an. Wenn eine Frau sich einen Partner wählt, zu dem sie eine Affinität verspürt, wird ihr Energiehaushalt nicht darunter leiden. Wenn sie jedoch ihre Partner ständig wechselt, werden die dauernden Veränderungen in ihrem Energiefeld zu Störungen führen. Je mehr wir unsere sexuellen Wünsche und Neigungen ausleben, um so zahlreicher sind die Querverbindungen, die wir schaffen. Wir müssen nicht unbedingt mit jemandem im Bett liegen, Sex funktioniert auch auf mentaler Ebene. Viele Menschen, die sich zu jemandem hingezogen fühlen, denken auch im Schlaf an diese Person und schaffen eine starke, sexuelle Gedanken-Form. Auf diesem Weg ist es möglich, nicht nur sich selbst, sondern auch den ›Partner im Geiste‹ zu erregen, ja zum Höhepunkt zu bringen. Vielleicht fühlt sich eine Frau ohne ersichtlichen Grund plötzlich sexuell erregt, weil jemand auf ätherischer Ebene eine Verbindung herstellt – sich zum Beispiel beim Masturbieren ihren nackten Körper vorstellt, also eine Gedanken-Form projiziert. Neurotiker neigen dazu, unangenehme, ja aggressive Gedanken-Formen zu schaffen.

Licht und Dunkelheit

Das Licht ist die älteste und bekannteste Metapher für eine religiöse Erfahrung, der ewige Kampf zwischen Licht und Dunkelheit – oder Gut und Böse – eine nie versiegende Quelle der Inspiration für den Schriftsteller und das Thema vieler Horrorfilme und Kriminalgeschichten. Gut und Böse stehen symbolisch für die Kräfte des Lichts und der Schwerkraft, die in uns aktiv und um Ausgleich bemüht sind. Gegensätze sind die beiden Seiten von ein und derselben Realität, verschiedene Aspekte desselben Phänomens: »Laßt das Licht die Dunkelheit durchdringen, bis sie erstrahlt und es keinen Unterschied mehr gibt«, lautet eine Chassidische Schriftstelle. Indem wir uns auf ein Konzept konzentrieren, erschaffen wir zugleich automatisch sein Gegenteil.

In jedem Chakra befinden sich ein Weißes und ein Schwarzes Loch. Wir sehen das beispielsweise in dem Yinyang-Symbol, welches den Chakrakern repräsentiert. Zwei Aspekte der Lebenskraft, der männliche und der weibliche, werden durch ein schwarzes und ein weißen ›Blumenblatt‹ dargestellt, die wie zwei Embryos im Mutterleib zueinander liegen. Dementsprechend ist jedes Chakra mit einem Sammelmechanismus ›Yang‹, und einem Freisetzungsmechanismus, ›Yin‹, ausgestattet: Die schwarze, männliche Zentripetalkraft strebt zum Mittelpunkt, zieht an, assimiliert, organisiert und erdet; die weiße, weibliche Zentrifugal- oder Fliehkraft expandiert und setzt Energien frei, schleudert sie vom Mittelpunkt weg. Ohne diese Sammel- und Freisetzungsmechanismen gäbe es kein Leben, keine Mobilität. Licht und Schwerkraft manifestieren sich in der Natur als neutrale Kräfte, die wir nach Belieben einsetzen können. Ohne die Schwerkraft würden wir uns ständig schwindlig fühlen und wären darüber hinaus zu keiner körperlichen Tätigkeit fähig.

Über das Licht sagt der Ägyptologe Isha Schwaller de Lubicz: »Ohne das Licht gäbe es keine Materie, es liegt jeder Materie zugrunde.«[11]

Nur, weil etwas Energien stark anzieht, ist es jedoch noch nicht negativ. Probleme treten dann auf, wenn es zu keinem Austausch kommt. Negative Energien sammeln sich an, wo Menschen krampfhaft etwas festhalten, unfähig sind, zu geben oder zu nehmen, und aus dem Gleichgewicht geraten – zu sehr yang-orientiert sind. Auch Dunkelheit an sich ist nichts Negatives, sie bewirkt eine Auflösung der Grenzen, so daß die Energien sich sammeln können und man aus ihr heraus zum Licht gelangen kann. Oftmals ist uns nicht bewußt, daß, sobald wir in eine negative Phase schlittern, die Chakras automatisch Energien sammeln, um den negativen Kreislauf zu durchbrechen. Der Durchbruch erfolgt, wenn genügend Energien vorhanden sind, die sich wieder auflösen müssen, um sich sodann erneut zu vereinen und zurückzufließen.

Welchen Kurs wir auch verfolgen, es muß uns bewußt werden, daß wir es immer mit beiden Aspekten, Yin und Yang, Licht und Dunkelheit, zu tun haben. Auf dem Weg zum Licht werden wir selbst immer ›lichter‹, bis wir mit ihm auf der höchsten Ebene verschmelzen und unsere physische Form verlieren, das heißt, sie wird umgewandelt. Im umgekehrten Fall ›verdichten‹ wir uns sozusagen, die Energie steigt nicht mehr auf, sondern konzentriert sich im unteren Körperbereich. Extreme Fälle dieser Art findet man unter geistesgestörten Patienten, die sich nur noch mit Masturbation und Defäkation beschäftigen. Beide Extreme führen also zur Auflösung und zu einem Kurzschluß im System des Betreffenden.

Niemand kann ohne Gefahr eine Richtung einschlagen und die andere ignorieren. Wer zum Licht unterwegs ist und daran arbeitet, durch Reinigung in höhere Bewußtseinszustände zu gelangen, sich aber um seine Mitmenschen nicht mehr kümmert, handelt nicht im Einklang. »Wenn du dich nach dem Lichte sehnst, sei gewiß, du wirst es niemals finden, es sei denn, du findest es in deiner eigenen Dunkelheit«, sagt Isha Schwaller de Lubicz. Es ist besser, sich mit der eigenen Dunkelheit auseinanderzusetzen und sie dadurch aufzulösen, als sie zu ignorieren oder vor ihr davonzulaufen.

Frank Barr, ein kalifornischer Arzt, hat eine interessante Theorie aufgestellt. Er vermutet, daß das Gehirn aus einer fast vollkommen undurchdringlichen, lichtabsorbierenden Substanz, dem Melanin, besteht, welches funktioniert wie ein Schwarzes Loch mit Superleitfähigkeit. Diesen Gedanken führt er auf eine Serie von archetypischen Träumen zurück, die er im Jahr 1975 hatte und in denen er unter anderem eine Dunkelheit erlebte, »die direkt in meinem Gehirn saß«.[12]

Die Schwerkraft

Die Kirche hat die Dunkelheit nie geleugnet, ganz im Gegenteil, sie hat das Licht so sehr betont, daß man auch die Dunkelheit erkennen mußte. Darstellungen des Teufels sollen die Menschen wohl daran erinnern, wie sie aussähen, wenn ihr Energiefeld sich auflösen würde.

Aus der Reflexlehre wissen wir, daß der untere Teil der Ferse mit dem Unterleib verbunden ist. Wenn der Ätherkörper keine Energie mehr ansammelt, hört die obere Hälfte des Fußes auf, Energie weiterzuleiten bzw. freizusetzen und nur die Yang-Energie bleibt übrig, die dem medial Veranlagten wie ein Huf erscheint. Heutzutage können mit Hilfe der Kirlian-Fotografie Krebszellen abgelichtet werden, auf denen die zottelig aussehenden Energiestrukturen sichtbar sind, die sie emittieren. Bei einem Menschen, der niedrige Schwingungen aussendet, ähneln die Emissionen dem stumpfen Haarkleid von Tieren. Die behaarte Brust des Teufels steht demnach symbolisch für die sich auflösende Energie des Herzchakra. Die Hörner sind ebenfalls ein symbolischer Hinweis, und zwar auf die Energien über dem Kopf, die in allen Religionen dargestellt werden – als Heiligenschein, tausendblättriger Lotos, Federschmuck etc. Wenn die Energien dieses Zentrums sich auflösen, bleibt rechts und links je eine Stelle übrig, die weiterstrahlt – daher die Hörner des Teufels.

Schwarze Magie

Der Teufel verleiht Macht, heißt es. Darüber gibt es jede Menge Literatur, darunter ein klassisches Werk, das uns allen bestens bekannt ist: Goethes *Faust*. Am Ende, so wissen wir aber auch, zerstört er seinen Schüler, das heißt, die Kräfte der Gravitation zerstören ihn. Satan führte Christus auf einen hohen Berg und zeigte ihm die Königreiche der Erde. Sie sollten alle ihm gehören, wenn er bereit wäre, den Teufel anzubeten. Beim nächsten Mal führte er Christus auf einen hohen Turm und lästerte: »Spring hinunter, wenn du der Sohn Gottes bist.« Doch Jesus weigerte sich und deutete Satan, der die Schwerkraft repräsentiert, an, daß man mit der Gravitation nicht spielen dürfe.

Die Schwarze Magie macht sich die Energiefelder der Schwerkraft zunutze, jene Kräfte in der Natur, die sich mit dem Yang-Energiesammelmechanismus verbinden. Die Ausübenden Schwarzer Magie konzentrieren sich auf die niederen Chakras und verwenden Pumpmechanismen und Rituale, um das Schwarze Loch zu aktivieren. Am Anfang scheint alles wunderbar zu laufen: Rituale und Zeremonien, die oft auch sexuelle Praktiken einschließen, tun ihre Wirkung. Man fühlt sich stärker und besser als vorher, erlangt sogar Heilkräfte.

Nach und nach stellt sich jedoch ein Energieverlust ein, und der Adept sieht sich immer öfter gezwungen, Energie aus der Natur anzuzapfen – durch Opfer, Steine, Tiere, Edelsteine und Pflanzen (Bäume haben eine stark heilende Wirkung, obwohl man Laubbäume gegen Ende des Zyklus, im Herbst also, meiden sollte). Was immer man borgt, muß man in irgendeiner Form zurückgeben. Menschen, die den berühmten ›grünen Daumen‹ haben, können ihr zweites Nervensystem, oft unwissentlich, gebrauchen, um sich auf die Wellenlänge der Pflanze einzustellen, und ihr so Energie zukommen lassen. Menschen, die sich auf niedrigere Frequenzen eingestellt haben und beginnen, überall Energien anzuzapfen, ohne sie zurückzugeben, werden zu psychischen Parasiten, was nicht ohne Auswirkungen bleibt.

Menschen, die nur nehmen, werden selbst zu Schwarzen Löchern, da sie ausschließlich auf den schwarzen Energiesammelmechanismus bauen und die Fähigkeit verlieren, den weißen Freisetzungsmechanismus konstruktiv zu nutzen. Schließlich kollabiert ihr System. Ab einem bestimmten Punkt der Auflösung verlieren sie nicht nur ihre lebensnotwendige Vitalität, sondern auch den Kontakt zu ihrem höheren Selbst.

Der sagenhafte Dracula entzieht Frauen die Lebenskraft, indem er Blut aus einer Stelle am Nacken saugt. Er trägt einen schwarzen Umhang, Symbol für seine Aura, die sich verdunkelt hat, und dafür, daß er zu einem Schwarzen Loch geworden ist, das, wie alle Schwarzen Löcher, eine starke Anziehungskraft und Faszination ausübt.

Hitler war stark am Okkulten interessiert und setzte sein ›schwarzes‹ Machtpotential zur Verwirklichung seiner Ziele ein. An einem bestimmten Punkt seiner Entwicklung entschied er sich dafür, den Lauf der Dinge nach seinen Vorstellungen zu beeinflussen. Er begann, sich als kosmisches Bewußtsein zu fühlen, das die Anweisungen höherer Meister ausführte. Auch Peter Sutcliffe, der ›Yorkshire Ripper‹, sah sich unter der Führung höherer Mächte.

Wichtig bei all dem ist, daß das kollektive kosmische Bewußtsein aus allen vorhandenen Energieströmen und -feldern besteht, die man natürlich beliebig benennen kann. Ein Mensch mit einer positiven Ausstrahlung und innerer Harmonie kann das kollektive kosmische Bewußtsein in Bewegung versetzen und dessen Energie dazu verwenden, seine Mitmenschen zu beeinflussen und sich ihrer als Energieträger zu bedienen. Es ist sogar möglich, auf ätherischer Ebene einen Meister zu erschaffen oder aber die schweren, dunklen Kräfte des Universums so stark anzuziehen, daß es zu einer Verwirrung des Geistes kommt.

Die dunklen, niederen Kräfte stellen zunächst einfach ein Gegengewicht zu den weißen, höheren Energien dar. Wenn wir nur im sexuellen Bereich Energie ›pumpen‹ und dabei die höheren Schwingungen (wie Schönheit und Liebe) außer acht lassen, lädt sich das Chakrasystem mit den dunklen, schweren Energiekräften auf, das Wurzelchakra färbt sich schwarz und unser System ist überladen – es ›brennt durch‹. So, wie elektrische Geräte gesichert und geerdet sind, verfügt auch der Mensch über ein inneres Sicherungs- und Erdungssystem.

Wenn wir nun aus irgendeinem Grund unser System unter zuviel Strom setzen, zuviel Energie durch unseren Körper jagen, dann zerstören wir uns selbst. Eines der dabei auftretenden Symptome ist die Empfindung unerträglicher Hitze, ein weiteres frühzeitiges Altern. Der überladene Ätherkörper muß schließlich seinen Überschuß an Energien in den physischen Körper leiten, dessen Organe nun mit der Verschmutzung fertig werden müssen. In dem Maß, wie der Ätherkörper und der physische Körper ›schwer‹ werden, werden auch der Geist und die Energiekanäle in Mitleidenschaft gezogen und das Chakrasystem ›schmort‹ durch. Der Geist ist somit außer Kraft gesetzt, unfähig, sich zu sammeln, und der Körper verfällt.

Die Hölle der Bibel spricht von jenem Zustand, in dem eine Person ›zu schwer‹ geworden ist, um in höhere Dimensionen gelangen zu können. Wenn das eigene System durchgebrannt ist, erfährt der Mensch eine extreme Hitze, wie sie im Fieberwahn erlebt wird, Halluzinationen von glühendheißer Lava oder höllische Hitze in der Wüste. Er erlebt eine unfreiwillige Regression und wird in ein frühes Erdzeitalter zurückgeschleudert, in dem es noch keinen Sauerstoff gab. Ein durchgebrannter Ätherkörper benötigt Äonen, um sich wieder vollständig zu regenerieren.

Reinigung

Menschen, die sich allmählich mit schweren, dunklen Energien aufladen, verspüren manchmal das starke Bedürfnis nach Reinigung. Es gibt auf unserem Planeten Orte, die eine besonders starke reinigende Wirkung haben, was daran liegt, daß sie positive Energien emittieren, wie zum Beispiel die Schnittpunkte von Kraftlinien. Sich entlang einer Kraftlinie zu bewegen kommt bereits einer Aufladung gleich und hat eine reinigende Wirkung auf die Aura.

Der indische Weise Ramana Maharishi empfahl die Wanderung um den heiligen Berg Arunachala in Südindien. Im Laufe der Umwanderung kommt der Pilger mehrere Male in den Einflußbereich von Magnetfeldern, die eine sehr subtile, aber tiefgreifende Veränderung bewirken. Manche Menschen fühlen sich besonders stark zum Meer hingezogen oder ins Gebirge, andere wiederum spüren eine Sehnsucht nach weiten Landschaften oder, wie viele Städter, nach dem Land. In wieder anderen Fällen fühlt sich ein Mensch von der Reinheit anderer angezogen. Extreme Erscheinungen der zuletzt genannten Kategorie sind sexuell perverse Menschen, die von den reinigenden Energien kleiner Kinder angezogen werden. Es fühlen sich aber auch ältere Menschen zu jüngeren hingezogen; ältere Männer zu jüngeren Frauen usw.

Regelmäßige Reinigung ist unabdingbar. Nicht nur die Yogis wissen darum, die zu diesem Zweck viele außergewöhnliche Praktiken anwenden; auch der ursprüngliche Sinn und Zweck von Gottesdiensten bestand darin, den Gläubigen zu reinigen, seine Schwingungen zu erhöhen und seine Energien mit denen der restlichen Gemeindemitglieder zu vereinen. Gebete, Gesänge, Rauchopfer, Kerzen, geweihtes Wasser und im Mittelpunkt der Zeremonie der

Steinaltar wirkten zusammen, um einen gewaltigen Energieschub hervorzurufen und das Bewußtsein zu verändern.

Im Mittelalter hielt man Fasten und Pilgerfahrten für nützlich und der Reinigung förderlich. Man war der Meinung, daß jeder Teilnehmer an einer Pilgerfahrt (die entlang einer Kraftlinie verlief) seine negativen Energien abbaute, indem er seine Sünden bereute und Teil eines positiven Gruppenbewußtseins wurde. Pilgerfahrten führten immer zu einem Ort, der an der Schnittstelle mehrerer solcher Kraftlinien lag und durch Relikte von Heiligen und Märtyrern noch eine zusätzliche ›Aufladung‹ erfuhr.

Solche Reliquien waren äußerst wertvoll – die Überreste von Polycarp (siehe Kapitel 1) wurden sogar für wertvoller erachtet als Gold und Edelsteine. Die Gebeine von Heiligen besitzen in der Tat stark emittierende Energiefelder – wer den Schrein des sufischen Mystikers Mevlana Celel Ed-dun Rumi in Konya, in der Türkei, besucht hat, des Begründers der Tanzenden Derwische, der dort mit seinem Vater, seinem Sohn und fünfundsechzig seiner Jünger begraben liegt, weiß, wovon ich spreche. In England wurden im Mittelalter die Schreine von Heiligen und Märtyrern oftmals mit Gold, Silber und Juwelen verkleidet. Besondere Prachtstücke sind das Grab des hl. Thomas Becket in Canterbury und das Grab von Edward dem Bekenner in Westminster Abbey, die einen solchen Schatz darstellten, daß die Offiziere Heinrichs VIII. sie im sechzehnten Jahrhundert im Namen der Reformation plünderten.

Gold, Silber, Edelsteine und Quarzkristalle sind nicht nur starke Energietransformatoren, sondern auch heilende und reinigende Kraftträger. Unsere Vorfahren glaubten, daß Edelsteine Energie in fester Form seien, und teilten sie ein nach Farbe, Lichtdurchlässigkeit, Wärmespeichervermögen, Wellenlänge, Strahlung, ja sogar nach Geschmack.

Um die ihnen innewohnenden Kräfte zu extrahieren, wurden sie pulverisiert und in Wasser oder anderen Flüssigkeiten aufgelöst.

Der Körper reinigt sich durch Ausatmung und Ausscheidung. Falsches Ausatmen und Verstopfung führen daher zu ernst zu nehmenden Störungen. Mangelnde oder gar fehlende Entschlackung begünstigen und beschleunigen den Verfallsprozeß. Erst wenn die stagnierenden Energieansammlungen entfernt sind, funktioniert auch der Energieaustausch wieder. Deshalb müssen wir peinlich darauf achten, daß die Gedärme sich regelmäßig entleeren und Mund und Nase frei sind.

Die Wurzel so mancher Krankheit liegt in der Unfähigkeit, Negatives freizusetzen, eine Unfähigkeit, die meistens schon im Babyalter durch das berühmte, ›Töpfchentraining‹ anerzogen bzw. erlernt wird. Bei Kleinkindern funktionieren die Ausscheidungsorgane ganz von selbst; mit dem Entleeren der Blase und Darm werden auch die negativen Energien ohne bewußte Anstrengung ausgeschieden. Manche Kinder, denen man mit zu großer Strenge beibringt, gewisse Dinge zu bestimmten Zeiten zu tun, halten – aus Angst oder Trotz – die Exkremente zurück, und hier liegen die Anfänge späterer Verstopfung. Wenn Darm und Blase von der Entleerung abgehalten werden, können auch die negativen Ströme das System nicht verlassen. So verursacht die Störung in den unteren Zentren Disharmonie im ganzen System.

Es mag seltsam klingen, aber unsere modernen Toiletteneinrichtungen sind der Freisetzung negativer Energien nicht sehr zuträglich, denn sie machen die natürliche Hockstellung unmöglich. In dieser Hinsicht interessant ist, daß man im Rahmen moderner holistischer Krebstherapien mit Einläufen gute Ergebnisse erzielt hat.

Bei der Entgiftung des Körpers spielt die Fähigkeit zur Entspannung eine große Rolle. Ich möchte jedoch noch einmal betonen, daß jeder, der meditiert, seinen Körper entspannt und reinigende Übungen ausführt, auch negative Energien anziehen oder die eigene Negativität zutage fördern kann. Deswegen sollte man lernen, sie zu beobachten und mit ihr umzugehen. Wenn dunkle Kräfte auftauchen, sollte man ihnen wie einer Herausforderung begegnen. Auf dem Weg zum Licht ist es wichtig, daß wir mit unseren Fehlern umgehen können und uns so sehen, wie wir wirklich sind.

Viele Menschen sind der Überzeugung, daß *sie* ja eigentlich ganz in Ordnung sind, aber die anderen, die haben schuld an allem. Wir müssen uns selbst gründlich prüfen und die negativen Aspekte, die Schwächen unserer eigenen Persönlichkeit, genau kennenlernen, wenn wir in unserer persönlichen Entwicklung vorankommen wollen. Entspannung und Meditation ermöglichen den Chakras, sich selbst zu regulieren. Wenn wir unsere Energien reinigen, werden wir die verschiedensten Menschen anziehen, und sobald wir unsere eigenen Schwingungen angehoben haben, können wir alle möglichen Spielarten von Negativität ausgleichen. Aber wir dürfen nie vergessen, daß Menschen mit negativen Schwingungen sich von solchen mit positiven angezogen fühlen und sie, in extremen Fällen, angreifen, vergewaltigen, sogar töten können.

Reinigungsübungen

Die Reinigung ist nicht damit erledigt, daß man sich bequem in eine Ecke setzt und seine Übungen absolviert. Wir müssen auch unseren unmittelbaren Lebensraum berücksichtigen. So sollte man darauf achten, daß keine negativen Erdstrahlen oder Wasseradern unter Haus oder Wohnung entlanglaufen, denn in diesem Fall kämpft man auf verlorenem Posten. Ziehen Sie gegebenenfalls einen Rutengänger zu Rate, der die negativen Ströme neutralisieren kann. Gibt es in Ihrem Garten disharmonische Stellen? Wie sieht der Baumbestand aus? Sind kranke, verkrüppelte Exemplare darunter? Gibt es stehende Gewässer, Sümpfe oder Flüsse in der Nähe, die die Elektrizität in Ihrem Haus beeinflussen könnten? Sorgen Sie dafür, daß Ihre Füße positiv und stark geladen sind, dann haben Sie bereits einen gewissen Schutz; sind sie durch Verspannungen jedoch blockiert, werden sie negative Schwingungen ›einsammeln‹.

Wenn all diese Faktoren unglücklicherweise zutreffen, sollten Sie ernsthaft daran denken umzuziehen. Kommt ein Umzug nicht in Frage, begehen Sie die gesamte Fläche mit der Wünschelrute. Als nächstes prüfen Sie, ob Sie Gedanken-Formen und massive Gedankenansammlungen feststellen können, die es nicht geben sollte. Betrachten Sie die Gegenstände in Ihrer Wohnung: Strahlen sie positiv oder negativ? Halten Sie die Wohnung so aufgeräumt und sauber wie möglich, damit Ihre eigenen, gereinigten Energien in der Berührung mit diesen Gegenständen besser abstrahlen können. Wenn Sie selbst sich ebenfalls negativ fühlen, veranstalten Sie einen Hausputz.

Überprüfen Sie auch Ihre Meditationsgewohnheiten. Die meisten Menschen sitzen und meditieren in einer bestimmten Ecke, die auch tatsächlich positiv strahlt. Doch dann erheben sie sich und beschäftigen sich in den anderen Räumen wieder mit den gewohnten großen und kleinen Sorgen – mit dem Ergebnis, daß der Rest der Wohnung voller negativer Strömungen ist. Umgekehrt zu handeln wäre weitaus konstruktiver, nämlich nur in einer Ecke Sorgen und

Ärger zu verbreiten und die übrige Wohnung mit Ruhe und Ausgeglichenheit zu erfüllen.

Menschen, die miteinander in dauernder Mißstimmung leben, können eine Wohnung ätherisch ›verschmutzen‹, denn Räume absorbieren die Ausstrahlung der Personen, die sie bewohnen, und können somit zur Stärkung oder Schwächung des Ätherkörpers beitragen. Leben Sie mit jemandem zusammen, der oft mit sich selbst hadert und der, während Sie Negativität umwandeln, neue ausstrahlt, so daß Sie sich dauernd erschöpft fühlen? Oder sind Sie jemand, dem es gelingt, die Gedanken-Formen Ihrer Mitmenschen aufzulösen? Wenn ja, finden Sie es sicher anstrengend, wenn diese ständig neue bilden.

Es ist äußerst wichtig, auf die Schwingungen in einer Wohnung zu achten. Bilder an den Wänden, Kerzen, Wohlgerüche, harmonische Musik, Farben, gute Bücher – alle diese Dinge haben reinigende Schwingungen. Verteilen Sie Edelsteine, Kraftsteine und Pflanzen in den Räumen, die positiv strahlen. Manchmal ist es hilfreich, eine Gruppe Gleichgesinnter einzuladen, um zu beten, zu meditieren oder zusammen zu arbeiten. Von dieser ›Extraladung‹ positiver Energie profitieren auch Tiere und Pflanzen. Manche Haustiere kränkeln, weil sie Ihre Negativität absorbieren! Dasselbe gilt für Pflanzen: Wenn Ihre Pflanzen immer eingehen, stimmt etwas mit *Ihren* Energien nicht.

Eine gereinigte Umgebung und ein gereinigter Körper sind wichtige Voraussetzungen auf dem Weg zu einem gereinigten Bewußtsein, denn das Äußere reflektiert nach innen. Was die Reinigung der Chakras angeht, so ist unser immer wacher Verstand oder einfach ein unruhiger Geist das größte Hindernis. Sie müssen lernen, den Geist zu entleeren, und wenn Ihnen das geglückt ist, müssen Sie ihn wieder füllen – mit positiven Gedanken, guter Lektüre etc.

Vor allem dürfen Sie sich nicht gehenlassen. Üben Sie die Früherkennung von lästigen Gedanken, und nehmen Sie sich ein wenig zusammen – wirken Sie ihnen sofort entgegen, schieben Sie sie fort, denken Sie an etwas anderes, lassen Sie sie gar nicht erst groß und wichtig werden. Denken Sie bewußt an etwas Angenehmes, Positives, Kraftvolles.

Sorgen Sie jetzt dafür, daß niemand Sie stört. Vor der Meditation ist es wichtig, daß Sie sich symbolisch ›gereinigt‹ haben, zum Beispiel durch Händewaschen oder Anlegen sauberer Kleidung. Hindus und Moslems geben uns darin ein Beispiel: Sie absolvieren bestimmte rituelle Waschungen, ehe sie sich ins Gebet vertiefen. Machen Sie es sich nun bequem, und werden Sie ganz ruhig. Wenn Sie sich nicht richtig entspannen können, ballen Sie die Hände zu Fäusten, pressen Sie die Zehen an die Fußballen und lassen wieder los. Pressen Sie die Gesäßbacken zusammen, lassen Sie los; ziehen Sie die Schultern hoch, lassen Sie sie fallen. (Eine ausführliche Entspannungsübung finden Sie weiter unten.)

In Ihrer Phantasie stellen Sie sich nun einen positiven Ort vor, an den Sie sich zurückziehen können. ›Bauen‹ Sie so lange daran, bis Sie sich wohl fühlen. Es kann eine Kapelle sein, ein Tempel, ein Labor, ein Ort der Ruhe. Wenn Sie ihn einrichten wollen, tun Sie es, aber denken Sie daran, daß alles, was Sie dazu verwenden, Sie in irgendeiner Form beeinflussen wird, denn Sie programmieren gewissermaßen Ihr Unterbewußtsein. Ziehen Sie Bilder aus der Natur dazu heran, vermeiden Sie aber zuviel Rot (rote Farben stimulieren das Wurzelchakra).

Wenn Sie entspannt sind, beginnen Sie mit der folgenden Übung: Stellen Sie sich die Chakras als goldene Näpfe vor, die Sie mit Lebenskraft füllen werden. Machen Sie sich nun eine Vorstellung von der Lebenskraft, vielleicht visualisieren Sie sie als Wasser, das Sie in die Näpfe fließen lassen. Dann beginnen Sie mit der Atmung. Atmen Sie siebenmal, um das Wurzelchakra zu entspannen, und visualisieren Sie dabei, wie sich dieser Napf füllt. Er braucht keine bestimmte Größe zu haben, sollte sich aber in der Gegend der Hüften befinden. Lassen Sie sich von jedem Atemzug ein wenig mehr ins Innere des Chakra tragen. Beim siebten Atemzug entspannen Sie in seinem Innern. Sie schwingen nun stärker und schneller, dadurch heben Sie das Chakra an. Stellen Sie sich vor, wie es zu einem strahlend roten Rubin wird, der Ihren Unterleib ausfüllt.

Lassen Sie es sich zur Gewohnheit werden, die Meditation durch ein Signal zu beenden, zum Beispiel das Zusammenpressen oder Reiben der Hände oder Strecken eines bestimmten Körperteils. Lassen Sie sich dabei Zeit, Ihr Körper wird Sie instinktiv richtig führen.

Übungen für das Grundchakra

Reiben Sie die Füße, wenn Sie das Gefühl haben, daß das Grund- oder Wurzelchakra angeregt werden sollte. Sorgen Sie dafür, daß Ihre Beine und Füße aktiv und gut in Form bleiben. Die Farbe Rot hat stimulierende Eigenschaften, tragen Sie also zum Beispiel rote Strümpfe. Eine noch bessere Wirkung erzielen Sie mit einfacher, rhythmischer Musik, zu der Sie tanzen und mit den Füßen stampfen können.

Empfindungsübung für das Grundchakra

(Sie können alle Übungen auf Band sprechen und entweder allein oder in einer Gruppe praktizieren.)

Im Grundchakra sind die Erinnerungen an die verschiedenen Phasen der Evolution gespeichert, so zum Beispiel an das Leben im Meer. Versuchen Sie, die ungeheure Kraft des Meeres zu spüren. Erleben Sie den Unterschied zwischen einem friedlichen, ruhigen See und dem rauhen Meer an einem stürmischen Tag. Als nächstes versuchen Sie, einen mächtigen Wasserfall zu spüren, vielleicht die Niagarafälle. Spüren Sie deren atemberaubende Kraft, die rasende Geschwindigkeit? Fühlen Sie nun noch einmal den Unterschied zwischen See, Meer und Wasserfall!

Atmen Sie ein, und denken Sie sich den Atem als eine Welle. Beim Einatmen schwillt sie an, verharrt einen winzigen Augenblick auf dem Höhepunkt und fällt dann in sich gekrümmt wieder zusammen. Das ist das Ausatmen, mit dem sie den Körper wieder verläßt. Wiederholen Sie diese Übung mehrmals, und stellen Sie sich vor, daß Sie auf dem Wasser treiben – es trägt Sie, und Sie spüren unter sich seine leichten Wellenbewegungen, die sich in Ihrem Körper und durch ihn hindurch fortsetzen und alles Negative mit sich fortschwemmen.

Nun sollten Sie versuchen, sich auf die Schwingungen eines Delphins einzustellen. Es kommuniziert mit einem Artgenossen – spüren Sie die feinen Resonanzschwingungen ihres stummen telepathischen Gesprächs?

Jetzt strecken Sie Ihre ›Fühler‹ noch weiter aus und erfühlen den Meeresgrund. Lassen Sie sich allmählich in vergangene Erdzeitalter gleiten, als das Meer noch jünger war. Wenn Ihnen dieses auch nur annähernd gelingt, werden Sie Veränderungen wahrnehmen, vielleicht sogar in sich selbst. Stellen Sie sich nun vor, daß Sie in ein Boot klettern und sich treiben lassen. Ihr Ziel ist das Zentrum des Bewußtseins, eine Insel in dem Meer, durch das Sie eben gereist sind.

Hier setzen Sie sich nieder und verharren eine Weile; genießen Sie die Ahnung, die Vorfreude auf etwas unaussprechlich Schönes. Sie fühlen eine wohltuende Abgeschiedenheit. Auf dieser Insel befindet sich ein kleines Kloster. Sie betreten den Innenhof und stellen fest, daß Sie in Ihrer eigenen Mitte angekommen sind. Jetzt gehen Sie weiter und betreten die Klosterzellen – Ihre Schritte hallen auf dem nackten Fußboden wider. Sie kommen an eine große, hölzerne Pforte mit einem eisernen Schloß – ganz deutlich sehen Sie sie vor sich. Öffnen Sie die Tür, gehen Sie hindurch und nehmen Sie das, was Sie erblicken werden, in sich auf. Bleiben Sie eine Weile dort. Nach und nach, wenn Sie den Zeitpunkt für gekommen halten, beginnen Sie, Ihrem Körper wieder Gestalt zu geben. Spüren Sie, wie er sich anfühlt. Reiben Sie sich die Stirn, dehnen und strecken Sie sich; Sie sollten jetzt völlig entspannt sein.

Entspannungsübung

Machen Sie es sich bequem, schließen Sie Ihre Augen. Sie fühlen sich wohl, sicher und friedvoll. Nehmen Sie sich vor, daß Geräusche Sie nicht stören werden. Versuchen Sie jetzt, Ihre Haut zu spüren. Wie fühlen sich die Kleider auf der Haut an? Spüren Sie sie ganz bewußt, werden Sie sich auch Ihrer Muskeln und Ihrer Knochen bewußt.

Beginnen Sie nun mit einer ganz einfachen Übung: Wandern Sie im Geist durch Ihren Körper, indem Sie das Prinzip der Gegensätzlichkeit anwenden – anspannen/loslassen, verspannt/locker, hart/weich. Beginnen Sie bei den Füßen. Sie atmen tief und langsam ein und spannen dabei die Zehen an. Nun atmen Sie sanft und langsam aus und entspannen sie dabei wieder. Massieren Sie in Ihrer Vorstellung die Zehenzwischenräume von oben nach unten, dann den Rist und die Ferse. Lassen Sie auch die geringste Anspannung los. Allmählich beginnt das Schwingungsfeld im Bereich Ihrer Füße sich zu verändern, Sie fühlen sich ausgesprochen wohl und angenehm entspannt. Die Umrisse der Füße beginnen, langsam zu verschwinden – lösen Sie sie nach und nach vollkommen auf. An ihrer Stelle sehen Sie nun langsam vibrierende Energiefelder.

Wandern Sie weiter zu den Waden. Atmen Sie tief ein, und spannen Sie sie an, nehmen Sie ihre Form bewußt wahr. Beim langsamen Ausatmen lassen Sie die Anspannung los, immer mehr, bis sich die Beine lang und länger anfühlen. Gehen Sie in Ihrer Vorstellung durch sie hindurch, durch das Muskelgewebe und die Knochen. Nach und nach lösen sich die Waden auf. Atmen Sie wieder tief ein, und erfühlen Sie die Konturen der Knie. Atmen Sie ganz langsam aus, und lösen Sie alles Negative in diesem Bereich auf. Berühren Sie sie im Geiste, und beginnen Sie mit der Auflösung.

Als nächstes konzentrieren Sie sich auf die Gesäßbacken. Atmen Sie wieder tief ein, und pressen Sie sie fest zusammen; atmen Sie aus, und lockern Sie sie ganz langsam. Entspannen Sie nun das Grundchakra an der Basis des Rückgrats, bis dieser Bereich sich angenehm anfühlt. Das Wohlgefühl steigert sich nun zu einer umfassenden Empfindung, Sie riechen und fühlen sich umgeben von schönen Düften. Wandern Sie nun in den Unterleib weiter. Atmen Sie tief und kräftig ein, halten Sie den Atem kurz an und straffen Sie dabei die Bauchdecke. Beim Ausatmen entspannen Sie diesen Bereich. Der Bauch fühlt sich nun weich an und beginnt, sich aufzulösen.

Jetzt wandern Sie mit Ihrem Bewußtsein in das Sonnengeflecht über dem Nabel, den Solarplexus. Atmen Sie tief ein, stellen Sie sich dabei seine Struktur vor. Beim Ausatmen weichen Sie seine Umrisse auf, lassen sie los und beginnen, auch Ihre Organe, das Muskelgewebe und die Zellen aufzulösen. Stellen Sie sich einen Sonnenstrahl vor, der diesen Bereich in pures Licht, wie strahlendes Gold, taucht, das Sie reinigt. Sie sind nun ganz ruhig. Stellen Sie sich jetzt alle Nervenendplatten im unteren Körperbereich vor, alle dort liegenden Akupunkturpunkte, die ein warmes Licht ausstrahlen. Das Licht durchdringt Sie immer mehr.

Der goldene Energiestrom fließt vom Wurzelchakra durch das Rückgrat in Ihrem Körper aufwärts zum Sonnengeflecht und weiter in das Herzchakra. Das Herz beginnt, sich aufzulösen, es öffnet sich wie eine Blume. Schauen Sie hinein, und betrachten Sie das goldene Energiezentrum in seinem Innern. Atmen Sie tief ein, und beim Ausatmen lassen Sie die Schultern fallen.

Wandern Sie nun entlang der Arme zu den Händen. Schicken Sie ein Gefühl der Entspannung in die Handflächen, und erspüren Sie Ihre Hände, die sich weich anfühlen. Die Finger beginnen sich aufzulösen, dann das Handgelenk. Die Hände haben ein transparentes Aussehen angenommen, sind zu strahlenden Energiewirbeln geworden. Sie empfinden eine große Ruhe und fühlen sich völlig entspannt.

Als nächstes wandern Sie in die Ellbogen. Berühren Sie sie in Ihrer Imagination. Erfühlen Sie die Schultern und den Rücken, während der goldene Energiestrom durch die Kanäle der Wirbelsäule aufwärts steigt.

Die rechte und die linke Körperhälfte sind in völligem Gleichgewicht.

Jetzt entspannen Sie den Hals, die Kehle. Negativität in diesem Bereich löst sich auf. Das Gefühl der vollkommenen Ruhe wird stärker, breitet sich auch hier aus. Ihr Gesicht fühlt sich weich an, während Sie Lippen und Kiefer entspannen. Der Energiestrom erreicht den Gaumen und steigt weiter in die Hypophyse und in die Zirbeldrüse.

Sie wandern zu Ihren Augen. Obwohl Sie die Augen geschlossen halten, sehen Sie, als wären sie geöffnet. Stellen Sie sich die Augen wie zwei Brunnen vor, durch die Sie hindurchschauen können, immer tiefer und tiefer, bis sich ein Gefühl des Schwebens einstellt. Sie schweben nun in Ihre Stirn und in das Dritte Auge, den Bereich zwischen den Augenbrauen.

Entspannen Sie jetzt die Ohren und den Hinterkopf. Stellen Sie sich vor, wie sich alle Akupunkturpunkte in Ihrem Körper öffnen und entfalten. Ihr Körper erstrahlt nun mit unzähligen Lichtpunkten – wie die Sterne einer Galaxis. Sie sehen sich als einen strahlenden Lichtkörper.

Eine perlmuttfarbene, strahlende Gestalt nähert sich und schmückt Ihren Kopf mit einem Blütenkranz – Rosen, Lilien, Jasmin, was immer Sie mögen. Riechen Sie daran, streicheln Sie die Blüten. Die Gestalt berührt Sie, und durch ihre Hände strömt Energie in Ihren Körper. Durch den Scheitel ergießt sich ein Strom reinigender Energien in ihn und schwemmt alles Negative fort, nimmt Spannungen und Ängste mit sich, Müdigkeit und Krankheit. Durch die Poren verlassen diese den Körper; Sie sehen, wie sie als kleine Schmutzpartikel davonschweben und sich entfernen, bis Sie nur noch von Reinheit und Klarheit umgeben und durchdrungen sind.

3

Der Unterleib

Die niederen Chakras sind hauptsächlich dazu bestimmt, die beiden Kräfte in den Körper zu leiten, die auf der physischen Ebene in ihn einströmen und ihren Ursprung in der Erde bzw. in der Sonne nehmen. Das Wurzelchakra und die Kraftzentren im Abdomen, im Unterleib, sind eng miteinander verwandt und für die Arterhaltung sowie für die Assimilierung von Nahrung zuständig. Im Menschen der Urzeit waren sie der Natur angepaßt und wurden mit dem Wechsel der Jahreszeiten aktiv bzw. inaktiv.

Im frühen Stammesleben spielten Feste eine zentrale Rolle. In ihrem Verlauf wurden diverse rituelle Handlungen durchgeführt, die große Energiemengen freisetzten. Gesänge und Tänze endeten oft mit der sexuellen Vereinigung der Teilnehmenden, wodurch weitere Energien frei wurden. Die alten Volkstänze dienten der Wiederbelebung der Gemeinschaft, der Anhebung von Energien, während sie heute meist zu einer Art Zeitvertreib oder zur bloßen Touristenattraktion degradiert sind. Der Tanz um den Maibaum in chakraähnlichen Wirbeln gehört in diese Kategorie. Zwar kennen wir das eine oder andere Fest noch namentlich, doch wie die Tänze sind auch sie nur noch gesellige Zusammenkünfte ohne Inspiration, ohne Energieaustausch, und auch die Fähigkeit zur bewußten Kommunikation mit der Natur ist uns abhanden gekommen.

›Primitive‹ Völker tanzten und tanzen viel. Tänze dienten dazu, sexuelle Energien gleichsam ›zusammenzutrommeln‹, indem man sich mit stampfenden Schritten rhythmisch bewegte. Ähnliches passiert ja auch in unseren Diskotheken – dort allerdings nur zur Zerstreuung. Medizinmänner tanzen auch heute noch, um ihre Energie aufzupeitschen. Derwische rotieren mit ungeheurer Schnelligkeit und Kraft um ihre eigene Achse und bilden auf diese Weise Wirbel hoher Energie, die, wenn sie mit Musik verbunden wird, wie es bei rituellen Tänzen der Fall ist, dem Ätherkörper zugute kommt.

Der ›Tanz der Sieben Schleier‹ zählte zu den geheimen Praktiken, die in den Tempeln gelehrt und gehütet wurden. Die Tänzer begannen im Rhythmus des Grundchakra und bewegten sich allmählich durch die sieben Hauptzentren. Die Farben der Schleier entsprachen denen der Schwingungen eines jeden Zentrums, und die Musik paßte sich der Schwingung des jeweiligen Chakra an. Am Ende des Tanzes hatten die Tänzer alle Negativität abgeworfen, die die Aufnahme der höheren Energien blockiert hatte.

Entspannung

Jedes Zentrum trägt auf eine ihm eigene Weise zur Entspannung bei. Die Grundchakras entlasten sich durch Verdauungsprozesse und durch Ejakulation. Das Abdomen kennt zwei Möglichkeiten: Die erste heißt Sport. Man trainiert, schwitzt, bewegt sich und fühlt sich schließlich völlig erschöpft, aber angenehm matt. In diesem Zustand ist Entspannung leichter möglich. Was ist passiert? Man hat einen

Teil der Energie, die das Gehirn für gedankenverarbeitende Prozesse beansprucht, abgezogen, mit dem Ergebnis, daß der Geist ruhiger und friedlicher wird.

Die zweite Möglichkeit, deren der Körper sich bedient, ist das Essen. Jeder kennt das angenehme, leicht schläfrige Gefühl, das uns nach einer üppigen Mahlzeit befällt. Auch hier hat der Körper Energie vom Gehirn abgezogen, denn der Verdauungsprozeß erfordert ebensoviel Energie wie der Denkvorgang. Die Gedanken ›aufgedrehter‹ Menschen wirbeln wie Derwische in ihrem Kopf umher – daher sind sie dauernd hungrig. Um sie zu beruhigen, fordert der Körper ständig neue Nahrung. Ob man dabei zunimmt oder nicht, hängt vom jeweiligen Typ ab – Menschen mit einem schnellen Metabolismus können essen, soviel sie wollen, und nehmen kein Gramm zu, während Menschen mit einem eher trägen Stoffwechsel dick werden, auch wenn sie noch so wenig essen.

Assimilierung

Vielen geistigen und körperlichen Beschwerden liegt die Unfähigkeit, Spannungen abzubauen, zugrunde. Im unteren Körperbereich wird die Nahrung gespalten, in brauchbar – unbrauchbar eingeteilt und dann verarbeitet. Gifte werden ausgeschieden. Im Normalfall speichert das Abdomen die Energie wie ein Reservoir. Wie alle Kraftzentren reagiert es jedoch empfindlich auf negative Energieansammlungen, die den Verdauungs- und Assimilierungsprozeß beeinträchtigen und in heiklen Situationen nervöse Beschwerden verursachen. Auch Rauchen, Alkohol und Sorgen beeinträchtigen den Assimilierungsprozeß. Manche Medikamente – allen voran Antibiotika – unterbinden gar die Freisetzung von Vitaminen in der Nahrung. Deshalb sollte man, falls die Einnahme von Antibiotika unumgänglich ist, dem Körper zusätzliche Vitamine zuführen.

Assimilierungsschwierigkeiten sind zu einer Art Zivilisationskrankheit geworden. Kaum jemand ist sich allerdings bewußt, daß die Abdominalregion Energien nicht nur aus der Nahrung bezieht (wobei die standardisierten Methoden der Nahrungsmittelproduktion unter Zugabe von Hormonen, Insektiziden und Herbiziden dem Energiehaushalt wenig zuträglich sind), sondern auch aus der Erde, der Stimmung des Kochs und derer, die die Mahlzeit miteinander einnehmen. Die Kraftzentren des Unterleibs und das Hals- oder Kehlkopfchakra sind durch die Nahrungsaufnahme und -verwertung eng miteinander verknüpft. Die richtige, effektive Verwertung wird also nicht nur durch falsche und übermäßige Nahrungsaufnahme beeinträchtigt, sondern auch durch die bei Tisch geführte Unterhaltung oder durch eine dort herrschende gespannte Atmosphäre, durch gleichzeitiges Lesen während des Essens oder durch störende Gedanken.

Kochen Sie niemals, wenn Sie ›geladen‹ sind – Ihre Schwingungen werden sich sofort auf das Essen übertragen. Vermeiden Sie es auch, bei Tisch Probleme zu wälzen. Es ist nicht nur wichtig zu wissen, was man zu sich nimmt, sondern auch wie und mit wem. Wenn die Mahlzeit von einer lebhaften, anregenden Unterhaltung begleitet wird, steht weniger Energie für die Verwertung zur Verfügung, sie muß woanders abgezogen werden. Aus diesem Grund sind Geschäftsessen schlicht und ergreifend gesundheitsschädlich, führen zu Verstopfung und sogar zu Magengeschwüren. Bei den Mahlzeiten wird viel zuviel geredet – und meistens nur, um unsere Verlegenheit darüber zu kaschieren, daß eigentlich keine wirkliche Kommunikation stattfindet. In vielen Klöstern herrscht bis heute während des Essens Sprechverbot. Statt dessen wird aus der Bibel vorgelesen. Aber es ist auch erhebend, eine Mahlzeit mit guter Musik zu begleiten, die positive Schwingungen verbreitet und so den Körper entspannt.

Tischgebete

Alle Völker kennen den Brauch der Segnung von Speisen. In manchen Kulturen legte man vor der Mahlzeit entweder die Hände oder das Essen auf einen ›Potenzstein‹, um dessen Energie zu absorbieren. Mit Hilfe der Kirlian-Fotografie hat man beobachtet, daß ›gesegnete‹ Lebensmittel eine bessere Ausstrahlung haben als nichtgesegnete.

Auch während des Essens finden Veränderungen statt – man kann im Körper Energieansammlungen ausmachen, die vorher noch nicht da waren. Durch eine Segnung kann man also tatsächlich die Energiemuster verändern. Dies birgt jedoch gleichzeitig eine Gefahr in sich: Wer in einer zornigen Verfassung segnet, überträgt nur seine negativen Schwingungen. Die größte Segnung, die wir also unserem Essen zuteil werden lassen können, ist ein entspannter Geist und ein ebensolcher Körper, der die Nahrung ungestört aufnehmen und verwerten kann.

Diese Überlegung liegt auch dem aus der Mode gekommenen Tischgebet zugrunde, das helfen soll, Geist und Körper kurz zu sammeln und zu entspannen. Außerdem: ein Gebet, ein intensiver Gedanke, kann die Gehirnwellen verändern, wodurch es uns möglich wird, uns an das Elementarreich (Näheres dazu siehe Kapitel 7) anzuschließen. Ein solcher Kontakt bewirkt eine starke Anhebung aller Energien. Wenn Sie beispielsweise in einem Restaurant essen und sehen und spüren, daß die Speisen von minderer Qualität sind, können Sie ihnen Energien zuströmen lassen und sie so regenerieren.

Fasten

Negative Gedanken führen oftmals dazu, daß wir zuviel rauchen, trinken und essen. Wenn der Körper sich nun nicht richtig entgiftet, ist eine Entschlackungs- oder Fastenkur ratsam. Fasten befreit ihn gründlich von allem angesammelten ›Müll‹, der wiederum zu einer Ansammlung grober Energien führt.

Initianden mußten immer fasten, da man so prüfte, ob sie in der Lage waren, sowohl die Verwertung von Nahrung als auch ihren Geist zu kontrollieren. Das Fasten schloß auch ein Redeverbot mit ein – als gleichzeitige Beherrschung von Kehle und Unterleib. Richtiges Fasten reinigt die Grundchakras, die normalerweise ›schwer‹ sind, so daß sie schneller vibrieren. Außerdem wird der Stoffwechsel angeregt.

Vegetarische Kost

Initianden wurden vor der Einweihung auf vegetarische Kost gesetzt; Schwerkranken wird oft fleischlose Nahrung verordnet, um die Entschlackung zu fördern. Eine solche Maßnahme wird in der Regel durch ein positives Umfeld unterstützt, das heißt, das Bewußtsein des Betreffenden wird mit positivem Gedankengut gleichsam ›programmiert‹.

Eine vegetarische Kost produziert schnellere, feine Energien, und wenn diese durch die Kanäle des Rückgrats strömen, besteht die Möglichkeit, Zugang zu anderen Bewußtseinsebenen zu erlangen. Wenn wir also auf eine vegetarische Ernährung umsteigen, unseren Gedanken jedoch keine große Bedeutung beimessen, laufen wir Gefahr, uns negativen Strömungen auszuliefern. Im allgemeinen fließt die Energie bei Fleischessern langsamer – ihre Energie ist gröberer Art, vor allem wenn sie Fleisch in größeren Mengen verzehren –, so daß Negatives sie nicht so leicht durchdringt. Vegetarier müssen ihre eigene Negativität aufmerksam beobachten. Bei vielen hat sich das System noch nicht völlig umgestellt, und es bedarf einer weiteren Anpassung, ehe die vegetarische Kost richtig ›anschlägt‹. Wenn ein Mensch mit einer negativen Grundstimmung den Genuß von Fleisch aufgibt, wird er möglicherweise erleben, daß er sich schwächer fühlt als vorher und ihm darüber hinaus oft schwindlig ist. Ein abrupter Wechsel zu fleischloser Küche ist daher nicht ratsam. Statt dessen sollte man die Fleischmengen allmählich reduzieren, damit der Körper sich umstellen kann.

Allergien

Im Fall von Allergien kommt der Körper mit gewissen Giften nicht zurecht. Wir müssen uns den Werdegang eines solchen Menschen anschauen und herausfinden, was, wann, in diesem oder einem vergangenen Leben, dazu geführt hat, daß bestimmte Schwingungen nicht adäquat assimiliert werden. Fehlfunktionen können erneut auftreten, wenn die Umstände, die schon einmal dazu führten, sich wiederholen. Reagierte ein Mensch in einem vergangenen Leben auf etwas allergisch, ist es durchaus möglich, daß er es wieder tut, wenn nun ähnliche Umstände auftreten. Je schneller der Stoffwechsel einer Person arbeitet, desto stärker reagiert sie auf ihre Umwelt, zum Beispiel auch auf den Wechsel der Jahreszeiten.

Mit Beginn des Frühlings irritiert einfach alles die Nase, den Hals, die Augen. Man kann nicht mehr frei atmen, die Stirnhöhlen sind verschleimt. Sind die mittleren Chakras stark (wir wissen, daß sie mit dem Halschakra verknüpft sind), lassen sich wenigstens die Nasenwege kontrollieren. Liegt jedoch irgendeine Art von Störung und Schwäche vor, zum Beispiel eine Verrenkung, ist die Ausatmung davon betroffen. Beobachten Sie einmal einen Menschen mit Stirnhöhlenkatarrh. Sie werden bemerken, daß er kaum ausatmet und ziemlich verkrampft wirkt. Die Atmung ist unzureichend und in der Erfüllung ihrer Funktion behindert.

Ein typischer Asthmatiker beispielsweise besitzt einen erweiterten Brustkorb, den er sich durch kurzes, stoßweises Einatmen und unzureichendes Ausatmen ›erworben‹ hat. Sobald er in eine ›passende‹ Situation gerät, wo er tief und gründlich atmen müßte, schnappt er nur nach Luft und seine Lungen weiten sich. In einem solchen Fall sind die Chakras regelrecht blockiert – einerseits sollten sie schneller werden, andererseits langsamer. Das Ergebnis ist kritisch, denn die Person hat einen Zustand herbeigeführt, der einem Schock ähnelt – sie kann gar nicht mehr atmen. Ein solcher Mensch sollte unbedingt den Atem-Entspannungs-Mechanismus und besonders das Ausatmen üben und außerdem seinen Körper trainieren.

Kurzer Atem erhöht außerdem die Anfälligkeit für relativ harmlose Infektionen, und auch wenn es dabei nicht zu dramatischen Reaktionen kommt, sind sie doch dauernde Krankheitsherde und der Betroffene befindet sich in einem Dauerverteidigungszustand.

Allergien werden manchmal auch durch eine zu abwechslungsreiche Ernährung ausgelöst. Heutzutage wird nur noch selten einfach gekocht – eine Mahlzeit besteht aus mehreren Gängen und enthält acht und mehr Zutaten. Ein Fleischgericht etwa wird mit Tomaten, Paprika, Knoblauch, Zwiebel, Pilzen, Gewürzen und Wein zubereitet; und wenn wir Feinschmecker sind, tischen wir auch noch verschiedene Gemüsesorten in reichhaltigen Saucen auf, eine Suppe oder ein Soufflé als Vorspeise, Käse oder Pudding als Nachspeise. Das Essen ist, wie der Sex, zum Zeitvertreib geworden. Jede Ingredienz ist jedoch einem bestimmten Elemental zugeordnet, und wenn wir zu viele Querverbindungen herstellen, wird die Verdauung behindert. In manchen Fällen kann eine Darmentzündung zum Beispiel allein durch einfachere Kost kuriert werden.

Geschwüre und Krebs

Wenn sich niedrige, grobe Energien in unserem Körper ansammeln, können sich Geschwüre, sogar Krebs bilden. Energiefluß und Assimilierungsprozeß sind beeinträchtigt, Magen und Verdauungsorgane arbeiten nicht mehr koordiniert, die Funktionen der Magensäfte und Enzyme sind gestört, es kommt zur Übersäuerung des Magens, und das System bricht zusammen.

Magersucht

Diese Störung entspringt manchmal einfach nur dem Wunsch, schlank zu sein, manchmal ist sie Ausdruck eines bestimmten Kummers oder Problems. Hierbei befindet sich das Sonnengeflecht in einem Zustand der Überladung, und die betreffende Person verkrampft sich völlig: Sie kann keine Nahrung mehr sehen, geschweige denn zu sich nehmen. Durch ihren Zustand spitzen sich die Spannungen in ihrer Umgebung noch weiter zu, was sie wiederum in ihrem Verhalten bestärkt usw. Sie ist unfähig, ihren Verkrampfungen entgegenzuwirken.

Praktische Anleitungen

Jede Mahlzeit sollte zu einer bewußten Handlung werden, damit wir die feineren Energien absorbieren können. Saubere Kleidung, Kerzen oder Blumen auf dem Tisch können helfen, eine Atmosphäre zu schaffen, in der das Essen zu einer ›Energiesammelzeremonie‹ wird. Ebenso sollten wir lernen, mehr auf die Signale zu achten, die unser Körper gibt. Schwangere Frauen, die plötzlich Appetit auf ausgefallene Dinge haben, tun dies in gewisser Weise.

Nun ist etwas, das dem einen guttut, nicht auch das Richtige für einen anderen. Menschen werden nicht nur vom Jahreszeitenzyklus beeinflußt, sondern auch von ihrem individuellen Biorhythmus. Wir haben gute und weniger gute Tage. Es gibt Zeiten, wo wir stark auf unsere Nahrung reagieren, und manchmal tun wir es scheinbar gar nicht. Wir müssen lernen, das zu tun, was für uns richtig ist. Essen wir langsam, kauen wir gründlich. Wir sollten auch rohe Kost zu uns nehmen und neue Gewürze ausprobieren. Wenn Sie für eine Familie kochen, versuchen Sie herauszufinden, was jeder einzelne braucht: Viele Eß- und Assimilierungsprobleme haben ihre Ursache in einer verkrampften Einstellung zum Essen aus Kindheitstagen.

Lassen Sie sich beim Essen – wie ja auch beim Anziehen – von Ihrer Intuition leiten. Nach welcher Farbe ist Ihnen zumute? Finden Sie etwas unwiderstehlich? Frische Farben – Karotten, Orangen, rote Äpfel – sind wichtig. Machen Sie sich bewußt, auf welche Art von Werbung Sie ansprechen und warum. Farben vermitteln Schwingungen – achten Sie darauf, daß Sie sich nicht von der (Farbe der) Verpakkung verführen lassen, prüfen Sie das Produkt.

Ein weitverbreitetes Problem ist auch die verkehrte Atmung und die schlechte Haltung vieler Menschen. Der Körper will aufrecht durchs Leben gehen; dann kann der Unterleib seine richtige Position einnehmen. Es heißt nicht umsonst, daß ein Mensch mit starkem Abdomen gegen Schaden gefeit ist.

Lilla hat selbst eine interessante Erfahrung gemacht, die eben diese Aussage unterstreicht. Vor Jahren bog sie mit ihrem Wagen in eine Seitenstraße ein und wäre dabei fast frontal mit einem anderen Auto zusammengestoßen. Der Schreck saß ihr noch lange danach in den Gliedern. Als sie bereits einige Jahre Karate und Yoga praktiziert hatte, kam es zu einer ähnlichen Situation. Doch diesmal fühlte sie nichts weiter als ein momentanes Zusammenziehen und Lösen der Bauchmuskulatur, keinerlei Nervenanspannung, denn ihre Bauchmuskulatur war nun gekräftigt.

Tofik Dadaschew ist eines der wenigen russischen Medien, deren Gesundheit durch die intensive Beschäftigung mit parapsychologischen Phänomenen und Fähigkeiten nicht angegriffen wurde, wie Gris und Dick berichten. Dadaschews Spezialgebiet ist die Gedankenkontrolle und -übertragung. Für diese Tätigkeit bereitet er sich mit unglaublicher Disziplin vor; unter anderem verwendet er viel Zeit auf das Training seiner Bauchmuskulatur und auf Atemübungen. Richtiges Atmen ist, wie wir wissen, die Grundvoraussetzung für ein einwandfreies Funktionieren der Chakras und für die Assimilierung von Nahrung.

Übung zur Stärkung der Bauchmuskulatur

Legen Sie die Hände auf die Rippen, und atmen Sie dreimal. Fühlen Sie, wie sich der Brustkorb beim Einatmen weitet. Wenn Ihre Nase nicht frei sein sollte, führen Sie die rechte Hand unter die linke Achsel und üben Sie leichten Druck aus; ebenso führen Sie die linke Hand unter die rechte Achsel. Bei asthmatischen Anfällen ist diese Übung sehr hilfreich.

Als nächstes achten Sie darauf, daß die Ausatmung niemals kürzer ist als die Einatmung. Wenn Sie dazu neigen, kräftig einzuatmen, aber schwach auszuatmen, wird sich Ihr Brustkorb weiten – denken Sie also mehr an das richtige Ausatmen. Stellen Sie sich vor, daß Sie dabei Ihre Muskulatur üben und kräftigen. Atmen Sie tief ein, Hände auf dem Bauch, und beobachten Sie, wie sich die Muskulatur beim Ausatmen anspannt. Wiederholen Sie die Übung, und achten Sie diesmal nur auf die Ausatmung.

Strecken Sie sich nun gründlich, und legen Sie die Hände auf den Kopf. Wenn Sie jetzt atmen, spüren Sie deutlich den Unterschied: Die Gürtellinie hat sich gesenkt, der Körper angehoben. Nehmen Sie die Hände ganz langsam herunter, lassen Sie den Körper aber gestreckt. Legen Sie die Hände wieder auf den Bauch, atmen Sie tief ein und langsam aus. Dabei sollte sich der Bauch senken.

Streck- und Dehnübungen sind von besonderem Nutzen. Erstens einmal lassen wir uns im wahrsten Sinne des Wortes ›hängen‹, und zweitens leisten wir jedesmal, wenn wir uns strecken, den aufstrebenden Energien Vorschub. Legen Sie nun die Hände auf die Rippen, und fühlen Sie, wie weit Sie sie ausdehnen können, während Sie dreimal ein- und ausatmen. Denken Sie daran, daß Sie beim Ausatmen die Muskelkontraktion spüren müssen.

Körperliche Tätigkeiten

Bewegung an der frischen Luft und in der Natur sind die besten Mittel, um die Bauchregion zu kräftigen. Arbeiten Sie deshalb im Garten, gehen Sie spazieren, erlernen Sie eine Selbstverteidigungstechnik, betätigen Sie sich sportlich.

Muskeltraining

Nehmen Sie auf einem Stuhl mit einer geraden Lehne Platz, Rücken und Gesäß gerade gegen die Lehne gedrückt. Halten Sie sich an der Sitzfläche fest. Heben Sie nun Ihre Beine so weit wie möglich an, lassen Sie sie dabei durchgestreckt. Heben und senken Sie sie mehrmals wie eine sich öffnende und schließende Schere.

Rücken Sie nun auf die Mitte der Sitzfläche vor, und wiederholen Sie die Übung.

Schließlich rutschen Sie auf die Kante des Stuhls und führen die Übung noch einige Male durch.

Bewußtseinsübung

Versuchen Sie, die Gerüche und Düfte, die Ihnen das Wurzelchakra zu Bewußtsein bringen, zu fühlen. Beginnen Sie mit dem Intimbereich, und wandern Sie aufwärts. Versuchen Sie, Essensgerüche zu fühlen – Zwiebeln, Schinken, Knoblauch, frisch gebackenes Brot – und die angenehmen Assoziationen, die Sie damit verbinden.

Nun wandern Sie weiter aufwärts und spüren deutlich die Düfte der Natur. Sie können sich Energien ›einfangen‹, indem Sie sich den Duft blühender Blumen oder Bäume vergegenwärtigen. Blumen reagieren sofort darauf, wenn man an ihnen riecht. Riechen Sie an einer oder mehreren duftenden Blüten, und versuchen Sie, sich den Duft zu eigen zu machen. Nehmen Sie die Blume im Geist in die Hand, und streicheln Sie die Blütenblätter. Stellen Sie fest, ob ein spezieller Duft Sie besonders anspricht. Unser Inneres ist tief in der Natur verwurzelt, und eine bestimmte Blume könnte Ihr persönlicher Schlüssel zum Elementalreich sein.

Vergegenwärtigen Sie sich nun frische Seeluft. Spüren Sie sie auf der Haut.

Versuchen Sie jetzt, die Farbe Blau zu fühlen. Blau hat eine positive Wirkung auf die Aura und bringt berauschende Düfte hervor.

Überlassen Sie sich dem Geruch des Meeres, spüren Sie intensiv die rauhe Frische, den salzigen Seetang.

Wandern Sie als nächstes in Ihrer Vorstellung an einen ruhigen Ort, eine Kirche etwa, und vergegenwärtigen Sie sich den Duft von Sandelholz, von brennenden Kerzen. Es ist möglich, sich einen Geruch so zu vergegenwärtigen, daß er spürbar wird.

Spüren Sie, wie Ihre Aura durchsichtig wird und zu strahlen beginnt. Sie fühlen sich wunderbar geborgen und ruhig und zugleich neu belebt.

Spüren Sie Ihren Mund, machen Sie sich seinen Geschmack bewußt und entspannen Sie Zunge und Kehle.

Versuchen Sie jetzt, die Form Ihrer Aura zu erfühlen; wie weit breitet sie sich aus, wo endet sie? Denken Sie daran: Ihre Aura hat nicht nur einen ihr eigenen Klang, sie hat auch einen ihr eigenen Duft. Wenn Sie Angst haben oder unglücklich sind, wird sich dieser Geruch ändern.

4

Das Nabelchakra (Solarplexus)

Ursprünglich wurde dieses Kraftzentrum vor allem im Umgang mit einer meist feindseligen Umgebung aktiviert, um genügend Kraft für die Nahrungssuche und eine eventuell nötig werdende Flucht zu speichern. Im Zuge der Zivilisation begann der Mensch, sich in größeren Gemeinschaften anzusiedeln, wo er sich sicherer fühlte. Die instinktive Kampf-Flucht-Reaktion wurde überflüssig, und die Energien dieses Kräftereservoirs manifestierten sich auf andere Weise.

Die linke Gehirnhälfte entwickelte sich zum intellektuellen Zentrum, Schriftsysteme entstanden, der Mensch büßte einen Teil seiner Merkfähigkeit ein. Der neuzeitliche Mensch endlich ist sich seines Sonnengeflechts kaum mehr bewußt; erst wenn sich seltsame Gemütszustände einstellen, erinnert er sich wieder daran.

Die Grundchakras sind für das Gruppenbewußtsein des Menschen verantwortlich, dafür, daß wir uns ›zugehörig‹ fühlen, während der Solarplexus als das Zentrum des Ich-Bewußtseins bezeichnet werden könnte und somit in Bezug steht zu unserer Individualität. Unser Ich-Bewußtsein ist eine gesunde Sache: Wer sein Alltagsbewußtsein durchbricht und sich höheren Schwingungen angleicht, braucht ein starkes Ich-Empfinden, zu dem er wieder zurückkehren kann.

Menschen mit einem angeregten Solarplexus entspannen sich am besten in der Sonne, die die Körperenergien aktiviert, welche der linken, intellektuellen Gehirnhälfte zugute kommen. Umgekehrt aktiviert der Mond die Kräfte der Intuition, die rechte Hemisphäre. Je nachdem, welche Hemisphäre ausgeprägter ist, wird ein Mensch die intuitiven, kosmischen Zusammenhänge sehen oder analytisch, rational denken und alles in Schubladen einordnen. Ein klassisches Beispiel, in dem beide harmonisch zusammenwirken, ist ein Mensch, der mit der linken, analytischen Hälfte lernt, Musik zu komponieren, und sie mit der intuitiven rechten genießt. Im allgemeinen liegen beide allerdings im Widerstreit, und die linke hält nicht allzu viel von der rechten. Alles, was den rationalen und physischen Rahmen sprengt, wird schnell verabschiedet.

Im Sonnengeflecht wird, wie wir wissen, Energie angesammelt – die wir auf unserem Weg zu einer höheren Bewußtseinsstufe benötigen. Wenn wir jedoch bei Erinnerungen, Erfahrungen, schrulligen Vorstellungen und selbstgefälligen Gedanken verharren, statt uns eine neue Art von Weisheit anzueignen, kommt unsere Entwicklung zu einem Stillstand. Erst wenn die zur Verfügung stehenden Kräfte dieses Zentrums ›beseelt‹ und mit kosmischen Schwingungen in Verbindung gebracht werden, kann die Transformation vonstatten gehen.

Wir müssen das *Ich-Bewußtsein* an das *Ich-bin-Bewußtsein* anschließen. Wenn wir uns dieser Entwicklung öffnen, machen wir bisweilen Bekanntschaft mit unserer dualistischen Persönlichkeit – einerseits dem Licht zugewandt, andererseits noch von ›biestiger‹ Natur. Aus diesem Grund müssen die Energieströme immer wieder gereinigt, die eigenen Schwingungen immer wieder angehoben werden. Konkurrenzdenken und Ehrgeiz in allen Lebensbereichen hinterlassen ihre Spuren an der Seele und machen es den Chakras unmöglich, spirituelle Zentren zu sein. Ein wissentlich und willentlich erweckter Solarplexus verleiht Kraft; ein ohne Verständnis, vielleicht eher zufällig erwecktes Sonnengeflecht kann den Körper zu seinem Sklaven machen.

Bestimmte Symptome sind typisch für ein überladenes Sonnengeflecht: So sind zum Beispiel Verdauung und Assimilierung beeinträchtigt; der Mensch wird zunehmend unsicher und muß dauernd Bestätigung finden, ist ehrgeizig; trotz sentimentaler Gefühlsregungen ist er eher gleichgültig den Mitmenschen gegenüber und mehr darauf bedacht, für sich selbst Sorge zu tragen, als an andere zu denken. Er ist leicht erregbar und fühlt sich nicht für voll genommen. Die linke Hemisphäre wird hyperaktiv. Zwischenmenschliche Beziehungen stehen unter dem Aspekt der Nützlichkeit: Was bringen sie mir? Sex, finanzielle Vorteile etc. Viele Menschen leben aus rein materialistischen Gründen mit einem Partner zusammen. Für eine gewisse Sicherheit ist so manche Frau hin und wieder zu etwas Sex bereit oder auch zu einer Heirat (obwohl viele Frauen, die einen überladenen Solarplexus aufweisen, eher karrierebewußt als familienbezogen sind).

Ungewißheit

Ein städtisches Umfeld hat seine speziellen Probleme. Werde ich meinen Arbeitsplatz verlieren? Mein Einkommen? Den Liebhaber, Partner, Freunde? Dergleichen Ungewißheiten werden regelrecht konditioniert und bleiben nicht ohne Folgen. Wir fühlen uns als Nobodys und strengen uns unglaublich an, um uns selbst und den anderen zu beweisen, daß wir etwas können. Aus Unsicherheit reden wir viel zuviel über uns selbst, nehmen uns keine Zeit für andere, es sei denn, der andere ist zufällig unser Liebhaber, Freund oder Geschäftspartner und so irgendwie verbunden mit unseren persönlichen Zielen. Wir haben sogar das zwanghafte Bedürfnis, unseren Kindern unsere Vorstellungen, unseren Willen aufzuoktroyieren. Doch die drängendste Frage ist immer die gleiche: »Was wird aus mir?« Wir häufen Besitztümer an und erhoffen uns von ihnen Sicherheit.

Die Macht des Goldes

Der Besitz von Gold verleiht Ansehen und Macht. Selbst die Tempel, jene heiligen Stätten des Wissens, hatten das Bedürfnis, Macht zu demonstrieren. Je mehr sie ihre wirklichen Kräfte einbüßten, um so mehr setzten sie auf die Kraft des Goldes. Priester und Initianden trugen kostbare Gewänder und Geschmeide, wie um ihren Mangel an wirklicher Energie wettzumachen. Macht durch Besitz – diese Vorstellung ist auch heute noch gültig.

Menschen, die bestimmte Fähigkeiten entwickelt haben, vermögen Materie zu verwandeln und aus unedlen Metallen Gold herzustellen. Der Mönch Wenzel Seiler ist wohl das berühmteste Beispiel für eine solche Leistung. Er verwandelte ²/₃ der silbernen Leopold-Hoffmann-Medaille (die sich noch im Familienbesitz befindet) in Gold.

Der rätselhafte Comte de Saint-Germain, ein berühmter Zeitgenosse Ludwigs XV., verfügte ebenfalls über ungewöhnliche Kräfte. Er war nicht nur ein brillanter Maler,

Musiker, Chemiker und Linguist, er sprach auch fließend mehrere Sprachen, nämlich Deutsch, Englisch, Italienisch, Portugiesisch, Spanisch, Französisch, Griechisch, Latein, Sanskrit, Arabisch und Chinesisch. Seine wertvolle und geheimnisvolle Bildersammlung, seine kostbaren Steine und Elixiere verschwanden bei seinem ungeklärten Tod auf mysteriöse Weise. Casanova berichtet, daß Saint-Germain bei einer Gelegenheit eine Zwölfsolmünze in eine Goldmünze verwandelt habe. Casanova zeigte sich jedoch als ungläubiger Thomas und sagte Saint-Germain, daß er glaube, dieser habe die Münzen einfach vertauscht. Casanova wurde daraufhin hinauskomplimentiert und sah den Meister nie wieder.

Von einer weiteren Transformation berichtet der Marquis de Valbelle, der den Comte de Saint-Germain in seinem Labor besuchte.

Dieser bat den Marquis um ein silbernes Sechsfrancstück. Er bedeckte es mit einer schwarzen Substanz und hielt es dann über einen Brenner. Der Marquis sah nun, wie die Münze ihre Farbe änderte und hellrot glühte. Als die Münze später etwas abgekühlt war, nahm Saint-Germain sie und überreichte sie dem Marquis – es war eine Goldmünze. Sie befand sich bis zum Jahre 1786 im Besitz der Comtesse d'Adhénar und wurde von ihrem Sekretär gestohlen.

Manly P. Hall schreibt in seinem Vorwort zu dem Buch *The Most Holy Trinosophia,* daß Saint-Germain eindeutig anderen Regeln folgte als der Rest der Gesellschaft, und tatsächlich sind die Prinzipien, die er vertrat und lehrte, gnostischen Ursprungs. Er soll auch mehrmals geäußert haben, daß er höheren Kräften gehorche.

Die Alchimie will uns lehren, uns selbst, unser Chakrasystem, in Gold zu verwandeln, wie es früher die Initianden tun mußten. Der Strom goldener Energie reinigt und belebt uns, denn ihm ist eine sehr hohe Schwingung eigen. Kostbare Steine und Goldschmuck strahlen dabei belebend auf den Träger aus und haben eine reinigende Wirkung auf die Aura.

Furcht

Der frühe Mensch hatte im Angesicht einer Gefahr nur zwei Möglichkeiten: Flucht oder Kampf. Furcht setzt Energien frei, damit etwas geschehen kann. Der Solarplexus, der sie bereitstellt, ist nichts anderes als ein Nervengeflecht, das heißt, in ihm laufen viele Nervenverbindungen zusammen, die in Furcht- oder Schocksituationen sofort Hände, Füße, Mund, Ohren und sämtliche Muskeln in Bereitschaft versetzen. Nun muß mit den mobilisierten Energien etwas geschehen, wir müssen sie freisetzen oder aber Entwarnung signalisieren, denn sie sind schwer zu kontrollieren.

Viele unserer alltäglichen Beschäftigungen versetzen uns in dieselbe ›Alarmbereitschaft‹ – das Autofahren ist ein gutes Beispiel hierfür –, ohne daß wir ein geeignetes Ventil fänden, um ›Dampf abzulassen‹. Vielleicht warten wir auf einen Bus oder Zug, der Verspätung hat. Wir warten und regen uns auf, das heißt, wir ›pumpen‹ Energie, die wir nicht verwerten können, denn alles, was wir tun können, ist warten. Viele solcher latenten Spannungen und Frustrationserlebnisse – die nichts mit der Kampf-Flucht-Reaktion gemein haben – sind die Ursache für Magen- und Herzerkrankungen.

Ironischerweise haben wir uns einen Großteil unserer modernen Probleme selbst geschaffen. Aus dem Gefühl der

Sicherheit hat sich eine Art Langeweile entwickelt, ein Mangel an unberechenbaren Situationen, an Abenteuer. Die Sehnsucht nach dem Adrenalinstoß treibt viele auf die Suche nach der Herausforderung, in der es sich zu bewähren gilt, man seine Grenzen erkennt oder auch überwindet: Extremalpinismus, schnelle Autos und Motorräder, Flugsport oder die Beschäftigung mit dem Okkulten. Andere, weniger Wagemutige, geben sich mit Sensationen aus zweiter Hand zufrieden und konsumieren Pornofilme, Magazine, die das Wurzelchakra anheizen, oder Kriegs- und Wildwestfilme, die – wie übrigens auch der Sport – das Abdomen erregen, während der Solarplexus auf Horrorfilme und Krimis reagiert.

Wer seine Imagination mit Bildern und Vorstellungen dieser Art anfüllt, wird sie manchmal nicht mehr los und verliert die Kontrolle darüber. Die meisten Menschen lassen völlig außer acht, daß die lebhaften Gedanken-Formen, die sie sich schaffen von dem, wovor sie sich fürchten, eben dieses Gespenst herbeirufen. Sie aktivieren also ihre Zentren, ohne darauf vorbereitet zu sein, zum Zeitvertreib sozusagen.

Manchmal wird dabei auch ein sehr tief verwurzeltes Problem zutage gefördert, das mit Zigaretten, Alkohol, Beruhigungsmitteln und gesellschaftlichem Treiben verdrängt wurde.

Besiegen wir also zuerst die Drachen in unserem eigenen Leben, sehen wir ihnen ins Gesicht und transformieren sie, sonst treten wir auf der Stelle. Unsere Ängste werden größer, wenn wir sie päppeln, deshalb müssen wir sie an der Wurzel packen. Ängste sind Wachstumserscheinungen, aus denen wir herauswachsen müssen – erst dann gelangen wir zu einem größeren Verständnis unserer selbst und anderer.

Phobien

Allen Phobien liegt die Angst vor dem Tod zugrunde. Jedesmal, wenn wir uns aufregen, wird Adrenalin ausgestoßen und der Körper stellt Energien für den Kampf oder die Flucht bereit. Auch Phobien lösen diesen Mechanismus aus. Schon die Furcht vor Mäusen und Spinnen reicht aus, um unsere Energiereserven zu aktivieren, obwohl unser gesunder Menschenverstand uns sagt, daß wir natürlich keine Angst zu haben brauchen. Und so sitzen wir in der Klemme. Das Objekt unserer Angst ist zu klein, als daß wir dagegen kämpfen könnten, wir wüßten gar nicht, wie. Während wir vor Schreck noch wie gelähmt sind, treten bereits die ersten Symptome der nicht beanspruchten Energie auf: Herzklopfen und Magenschmerzen. Wir bekämpfen nun nicht den Feind, sondern unsere eigenen Energien. Das Vernünftigste wäre, sie möglichst schnell konstruktiv einzusetzen.

Als erstes müssen wir die Kontrolle zurückgewinnen, die wir verloren haben, denn unkontrollierte Energien produzieren unkontrollierte Handlungen. Wir können beispielsweise zum Beobachter werden, das heißt feststellen, in welchem Zustand wir uns befinden und warum, *statt selbst der Zustand zu sein.*

Manche unserer Ängste und Probleme lassen sich bis in unsere Kindheit und noch weiter zurück in frühere Leben verfolgen. Im Sonnengeflecht sind Erinnerungen an den evolutionären Werdegang und frühere Existenzen gespeichert, und Hypnose und Regression verschaffen uns Zugang zu diesen Erinnerungen. Doch der Blick zurück, die Geschichte der Menschheit, ist voll von Grausamkeiten: Folter, Hungertod, Kerkerstrafe, Verbrennen auf dem Scheiterhaufen, lebendig begraben werden (wie es bei einigen Völkern Sitte war) oder wilden Tieren zum Fraß vorgeworfen werden – die Auswahl ist groß.

Es ist also wichtig, die Zusammenhänge zu verstehen. Dann kann man sich so programmieren, daß unkontrollierbare Energien gar nicht erst produziert werden. Durch Regression, Meditation und Entspannung können wir unseren Phobien auf den Grund gehen und sie bei Licht betrachten – dann werden sie verschwinden. Dabei spielt die richtige Atmung eine große Rolle. Wer sich ängstigt, atmet schnell – und das Sonnengeflecht reagiert sofort auf beschleunigtes Atmen mit der Freisetzung von Adrenalin und Energie.

Es gilt also, sich zu entspannen und gleichmäßig und tief zu atmen. Wenn Sie Ihre Atmung kontrollieren können, werden Sie durch nichts zu erschüttern sein. Egal welche Phobie Sie zu besiegen haben, setzen Sie sich hin, und atmen Sie kontrolliert; über kurz oder lang werden Sie sie ›ausgeatmet‹ haben.

Manche Ängste haben sich über viele Jahre – oder gar Leben – hinweg aufgebaut, und der Umgang mit ihnen erfordert Disziplin und Geduld. Doch die Anstrengung lohnt sich, wie viele Menschen bezeugen, die nach einem längeren Zeitraum, in dem sie Atemübungen ausgeführt haben – sei es im Rahmen des Yoga oder einer anderen geistigen Disziplin –, von ihren Phobien befreit waren.

Der Solarplexus ist eigentlich eine Schutzeinrichtung, doch bei Menschen mit starker Einbildungskraft erzeugt er manchmal die gegenteilige Wirkung, denn solche Menschen können starke Gedanken-Formen hervorbringen und aufrechterhalten. Oft sind es die eigenen ›Gedanken-Monster‹, die wir auf ätherischer Ebene geschaffen haben, vor denen wir uns am meisten fürchten und die wir so groß werden lassen können, daß sie uns erschlagen. So wird aus einer kleinen, negativen Schwingung oft ein Sturm, der viel Schaden anrichtet.

Die Höhenangst ist ein anderes Kapitel. Sie wird häufig durch Veränderungen der Energiefelder ausgelöst. Wenn Energie zu Kopf steigt, wird man schwindlig und kopflastig und muß sich schleunigst ›erden‹, das heißt Energie in die Füße leiten, indem man seine Aufmerksamkeit auf die Fußsohlen lenkt. Weite Landschaften können ein ähnliches Gefühl auslösen. Auch in diesem Fall lenkt man Energien in die Füße.

Drogen

Je nach Art der Droge wird der Solarplexus entweder zuviel oder zuwenig ›aufgeladen‹. Tranquilizer und Sedative senken die Schwingungen, verlangsamen die Funktionen und unterdrücken die Symptome. Diesen Vorgang kann man beobachten: Nach Einnahme eines solchen Mittels verlangsamt sich die Tätigkeit des Solarplexus, und er akkumuliert weniger Energien. Die Ängste erhalten keine Nahrung und ebben ab. Außerdem wird das Gefühls- und Wahrnehmungsvermögen betäubt. Personen, die zu diesen Mitteln greifen, legen ihren Solarplexus künstlich lahm.

Die gegenteilige Wirkung erzeugen Halluzinogene. Sie bewirken, daß ununterbrochen Adrenalin freigesetzt wird. Zunächst sieht es so aus, als würde sich das Sonnengeflecht prächtig entwickeln, doch schon bald melden die Nebenchakras Störungen, und das System zeigt alle Symptome einer Hyperstimulierung, denen es schließlich erliegt.

Der exzessive Gebrauch von Halluzinogenen führt außerdem zu einem Verlust geistiger Fähigkeiten – der Abhängige braucht die Droge schon bald, um überhaupt Zugang zu seiner geistigen Dimension erlangen zu können. Narkotika heben unsere Energien vorübergehend an, doch wenn die Zentren nicht gereinigt, wir nicht vorbereitet sind, gelangen grobe, negative Energien ins Gehirn. Wenn in den Tempeln Drogen gegeben wurden, so nur unter Anleitung und mit dem Ziel, dem Initianden einen kurzen Blick in einen anderen Bewußtseinszustand zu ermöglichen, auf dessen Erlangung er hinarbeitete. Doch dann mußte er sein Ziel aus eigener Kraft erreichen.

Schizophrenie

Ein klassischer Fall von Hyperstimulierung des Solarplexus ist die Schizophrenie. Ein Mensch, der darunter leidet, sollte unbedingt einen Rutengänger aufsuchen oder einen Radionik-Spezialisten, der ihm sagen kann, woran es seinem System mangelt. Der Mangel an einem lebenswichtigen Vitamin, Spurenelement oder Mineral kann zu einem destabilisierenden Ungleichgewicht führen, da die Organfunktionen dadurch beeinträchtigt sind. Vielleicht werden bestimmte Vitamine, vor allem Vitamin B, zu schnell verbraucht – in diesem Fall muß der Schizophrene eine strenge Diät einhalten.

Oft handelt es sich bei diesen Kranken um überaus intelligente Menschen, denen es nur schwerfällt, über sich selbst zu sprechen. Dafür geht es in ihren Köpfen rund. Das Schwarze Loch ist in Aktion und sammelt Energie, was den Zustand der Überreizung noch verschlimmert. Körperliche Arbeit oder Tätigkeiten, die viel Energie verbrauchen, helfen diesen Menschen mehr als Medikamente, die sie nur ruhigstellen. Die Energien müssen freigesetzt, nicht unterdrückt werden. Ihre Tätigkeiten sollten kreativer Art sein oder einem guten Zweck dienen; ihre Umgebung sollte nicht klinisch, sondern harmonisch sein: gute Musik, schöne Bilder und, wenn sie in der Lage sind, sich zu konzentrieren, inspirierende Bücher. Sie müssen lernen, ihre Energien zu kontrollieren, ihre Vergangenheit zu bewältigen und sich selbst zu verstehen.

Anregungen

Damit der Solarplexus seine Funktion erfüllen kann, müssen wir selbst uns im Gleichgewicht befinden. Wenn wir aktiv sind, einen gesunden Kreislauf und ein gesundes Herz haben, wird uns das leichter fallen. Außerdem müssen wir unsere Gedanken kontrollieren – sie dürfen uns nicht belästigen, und wir müssen lernen, uns auf unsere Ziele zu konzentrieren. Als nächstes müssen wir das Sonnengeflecht reinigen. Zuerst entspannen wir es. Dann lassen wir alles los, was es reizt. Wir müssen deshalb wissen, was wir loslassen wollen. Sammeln wir uns also, und betrachten wir, was aus der Tiefe unseres Bewußtseins aufsteigt.

Da sind unsere Ängste – wir müssen diese Phantomgestalten erkennen, die uns ein Leben lang verfolgt haben, und loslassen. Dabei kann uns eine Liste unserer Ängste, Lebensgewohnheiten, Fehlschläge, Rückschläge, Schwierigkeiten etc. helfen. Wir müssen unsere Probleme klar vor uns sehen, sie uns gewissermaßen eingestehen. Betrachten Sie Ihre Gewohnheiten, Ihre Vorlieben, Abneigungen, Vorurteile, Meinungen und Urteile.

Beobachten Sie, wieviel Energie Sie mit unnützen Reden, Sorgen und Beschäftigungen vergeuden. Machen Sie sich bewußt, wo Sie durch Ihre Familie und Kultur konditioniert sind.

Betrachten Sie sich aufmerksam im Spiegel. Kennen Sie die Person, die Sie sehen, wirklich? Beobachten Sie Ihr Spiegelbild genau, auch die Licht- und Schatteneffekte. Sind Sie mehr im Licht oder im Dunkel? Was suchen und erhoffen Sie sich? Kennen Sie Ihre wirklichen Motive? Ihre Einstellungen?

Der Solarplexus ist der Sitz der Intuition. Nehmen Sie sich einen Apfel. Setzen Sie sich hin, und versuchen Sie, die Schwingungen eines Baums zu spüren und durch sein Wurzelwerk die der Erde. Werden Sie zum Baum. Versuchen Sie dasselbe mit einer Blume. Beobachten Sie, wie sie sich der Sonne zuwendet, sich öffnet. Finden Sie heraus, was in Ihnen nach dem Licht verlangt, und erspüren Sie die Schwingungen der Lebenskraft. Spüren Sie nun den Boden unter sich. Wie fühlt er sich an? Wie fühlt sich Gras an? Was nehmen Sie wirklich wahr? Wieviel Kraft vergeuden Sie? Wieviel mehr könnten Sie gebrauchen? Wenn Sie sie brauchen, wissen Sie, wie Sie sie bekommen? Konzentrieren Sie sich zu sehr auf die eigene Person? Erspüren Sie Ihre inneren Räume und den Ort, an dem Sie sich befinden, seinen Klang und Geruch. Welche Wirkung übt er auf Sie aus? Was teilt Ihnen Ihr Körper mit? Achten Sie auf jedes Detail. Machen Sie es sich zur Gewohnheit, den Tag mit einer Art Inventur abzuschließen – wieviel Zeit habe ich genutzt, wieviel vergeudet?

Jetzt beginnen Sie, sich zu konzentrieren und mit Ihrem verborgenen, inneren Wissen zu kommunizieren. Die Weisen früherer Kulturen waren der Ansicht, daß wir aus Strukturen bestehen, und stellten diese in der Architektur heiliger Stätten, Tempel und Kirchen bildhaft und symbolisch dar, sie schufen somit, was wir ein erweitertes oder ein nach außen verlagertes Bewußtsein nennen könnten. Sie stellten dar, wonach sie in sich selbst trachteten. Eine überlieferte Technik zur Kontrolle des Solarplexus verlangt die Bildung von geometrischen Formen – Kreis, Quadrat, Punkt oder Dreieck – auf mentaler Ebene. Diese Formen repräsentieren die geometrischen Strukturen, die allem Sein zugrunde liegen und die aus den Überschneidungen von Kräftelinien entstehen. Durch diese Übung bildet der Adept im Geiste die Grundstruktur des Universums nach und kann sich so leichter darin versenken. Dabei ist es unwesentlich, ob Sie in einer wirklichen Pyramide sitzen oder sich eine schaffen – die gedachten Umrisse genügen, um Sie mit den kreativen Ebenen des Bewußtseins zu verbinden. Konzentrieren Sie sich als erstes auf ein Dreieck, später auf ein Quadrat, dann auf einen Kreis, und versuchen Sie, die unterschiedlichen Energieverhältnisse zu spüren.

Atemübungen für den Solarplexus

Wer an der Kräftigung des Solarplexus arbeitet, muß sich im Gleichgewicht, in der Mitte seiner Aura, befinden. Richtiges, tiefes Atmen – zu beachten vor allem ein gründliches Ausatmen –, entspannt ihn, vorhandene Spannungen werden aufgelöst. Praktizieren Sie die weiter oben angeführte Atemübung, aber nie öfter als siebenmal. Sie können die Übung auch verändern – dehnen Sie zum Beispiel die eiförmige Aura immer weiter aus. Wachsen Sie sozusagen über sich selbst hinaus. Bewegen Sie sich nun in Ihre Körpermitte. Sie sollten einen Unterschied zu vorher spüren. Ziehen Sie als nächstes einen Kreis um sich selbst, dann ein Quadrat und schließlich eine Pyramide. Sie bewerkstelligen diese Übung, indem Sie in der jeweiligen Form um Ihren Körper ›herumatmen‹.

Wiederholen Sie jede Übung nie öfter als siebenmal.

Stellen Sie sich einen runden Gegenstand vor, einen Ball zum Beispiel. Befühlen Sie ihn mit Ihren Händen. Dann vergessen Sie Hände und Oberkörper und denken nur an Ihre Füße. Umrunden Sie den Ball mit Ihren Füßen, erfühlen Sie ihn – Ihre Füße wissen genau, wie er aussieht. Vergleichen Sie diese ›Information‹ mit der Information der Hände. Nun stellen Sie sich vor, daß Hände und Füße dem Torso einverleibt sind und Sie den Ball mit Ihrem Rumpf erfühlen müssen. Schwebt der Ball? Gleitet er davon? Lassen Sie ihn springen, und fühlen Sie seine Schwingungen, seine Bewegungen, erwecken Sie ihn zum Leben. Versuchen Sie nun, den Ball mit Händen, Füßen und Körper zugleich zu fühlen. Ihre Augen sind dabei unwichtig, denn jeder Teil Ihres Körpers hat Kontakt zu ihm. Sie senden Schwingungen aus, die den Ball berühren, und empfangen die Schwingungen, die er aussendet.

Stellen Sie sich nun vor, daß Sie mit verbundenen Augen in der Mitte eines Zimmers stehen. Wählen Sie einen kleinen Gegenstand, lenken Sie Ihre Energie auf ihn. Wählen Sie dann einen größeren Gegenstand, wiederholen Sie die Übung. Sie werden bemerken, daß der Energiestrahl, den Sie auf das kleine Objekt lenken, relativ dünn bzw. gebündelt ist, der, den Sie auf den größeren Gegenstand lenken, entsprechend dicker. Bei dieser Art von Energieaustausch können Sie also das ›Objekt‹ am emittierten Energiestrahl erkennen.

Erfühlen Sie nun das ganze Zimmer. Machen Sie sich deutlich, daß Ihr Bewußtsein Schwingungen emittiert – die aus Tönen bestehen. Sie sind von Tönen umgeben. Sie senden Energiebündel aus, feine oder gefächerte, und erfühlen so Ihre Umgebung, und die darin befindlichen Gegenstände spüren Sie mit jedem Haar und durch jede Hautpore. Die Gegenstände, die Sie erfühlen, sind dreidimensional; bewegen Sie sich also um sie herum, und ertasten Sie die Form – umspülen Sie jeden Gegenstand mit den Tönen, die Sie aussenden. Lenken Sie Ihre Energiestrahlen in eine Richtung, und versuchen Sie, anhand der Resonanz die Dimensionen der entgegengesetzten Raumhälfte zu erkennen. Im täglichen Leben sieht das so aus: Wenn Sie gelernt haben, einen Wagen zu fahren, werden Sie es bald automatisch tun und gleichzeitig an andere Dinge denken können.

5

Das Herzchakra

Das Herzchakra stärkt unser Gruppenbewußtsein, während im Nabelchakra, dem Solarplexus, das Ich-Bewußtsein sitzt. Stellen wir uns mehrere Menschen in einem Raum vor – jeder von ihnen eine individuelle Persönlichkeit. Stellen wir sie uns nun als Fackeln vor, jede eine individuelle Flamme, doch sie können zu einer einzigen ›kollektiven‹ Flamme verschmelzen, die ein ziemlich großes Energiepotential darstellt. Mehrere Personen in einem Raum können ihre Energien zusammenfließen lassen und so ein starkes Energiefeld aufbauen, Teil eines Kollektivbewußtseins werden und trotzdem ihre Individualität behalten. Jeder von uns ist ein individuell entstandener Energiefunken, und wenn zwei Funken zusammentreffen, kommt es zu einer explosionsartigen Reaktion, einem Energieaustausch, der sich auf verschiedenen Ebenen manifestieren kann – als sexuelle Erregung, als plötzlich aufblitzende Erkenntnis, als intuitives Wissen.

In allen Religionen wird die Liebe als die höchste aller Tugenden bezeichnet. Uneigennützige Liebe gilt als das vornehmste Ziel und führt zu innerem Frieden. Diese beiden erstrebenswerten Qualitäten sind nun leider keineswegs Attribute unserer modernen Gesellschaft. Statt Herzensgüte finden wir Sentimentalität, statt aufrichtiger Zuneigung berechnendes Entgegenkommen in fast allen Lebensbereichen, statt Liebe zur Kreatur nur Eigennutz. Wir schaffen uns Haustiere an aus sentimentalem Getue und scheren uns keinen Deut um die untragbaren Zustände auf Pelztierfarmen oder in Legebatterien (ganz abgesehen davon, daß die Nahrungsmittel, die aus solchen ›Fabriken‹ stammen, von niedriger Qualität sind). Wir sind herzlos und verhärtet statt mitfühlend. Wahre Stärke findet sich jedoch nur in einem großen, liebenden Herzen, denn Liebe macht stark. Die Kraft der Liebe ist ausgleichender, neutralisierender Natur. Ohne sie kommt es zu keinem wirklichen Kontakt – sprich Energieaustausch – mit einem anderen Menschen, sondern nur zu oberflächlichem Geplänkel. Erst wenn wir ›unser ganzes Herz in eine Sache legen‹, kommen wir wirklich voran.

Das Herz ist der Sitz der Liebe zur Kreatur und zur Natur und des natürlichen Instinkts der Heilung und Erhaltung. Durch unsere Hände übertragen wir ständig Energie auf das, was wir berühren, auf Pflanzen und Tiere. Während einer Heilungszeremonie beispielsweise schwingen die Chakras in den Händen des Heilers ungleich schneller, sie werden zu schnell vibrierenden Energiewirbeln, deren Vibrationen sich teilweise mit dem Frequenzbereich der Pflanzen, der ›grünen‹ Frequenz, überschneiden. Aromatherapie, Kräutermedizin und Massagen leiten die grüne Schwingungsfrequenz durch die Hände des Heilers, um dem Patienten zu helfen.

Das Herz erhält uns am Leben. Wie auch alle anderen Zentren müssen wir es stärken und entspannen. Leistungssportler sollten besonders darauf achten, denn wenn sie ihr Herz überstrapazieren, zerstören sie seine Energiestrukturen. Drogen, Arzneimittel, unglückliche zwischenmenschliche Beziehungen – sie alle ›zerbrechen‹ die feinstofflichen geometrischen Energiestrukturen. Wenn diese nicht wiederhergestellt werden, nimmt das physische Herz Schaden. Menschen, die diesen Bereich – meist unwissentlich – überlasten, sind ungeduldig, überschätzen ihre eigenen Kräfte und bürden sich zuviel Arbeit auf, betreiben zu viele Hobbys, kurz, ihr natürlicher Instinkt wird von der Hektik, mit der sie ihr Leben gestalten, totgeschlagen. Zuviel Alkohol, zuviel Speisen, zuviel Tabak, zuviel Streß verändern auf Dauer die essentiellen Energiestrukturen. Wir tun dadurch nichts anderes, als unsere physische Lebensspanne zu verkürzen – Herzattacken sind noch vor Krebserkrankungen die Todesursache Nummer eins in unserer gegenwärtigen Gesellschaft.

Eine materialistische Lebenseinstellung bleibt gleichfalls nicht ohne Auswirkung auf das Herz. Die Überstrapazierung des Solarplexus beschert uns einen unruhigen Geist, und wenn wir nun den Magen zusätzlich mit scharfen Getränken, üppigen Mahlzeiten und anstrengenden Gesprächen belasten und durch vieles Reden auch das Kehlkopfchakra ›überfluten‹, dann ist das Herz allseits von überreizten Chakras umgeben. Es kann nicht entspannen, sich nicht beruhigen, die Energiestrukturen sind durch permanenten Überdruck zerstört, und schließlich versagt der Herzmuskel. Auf der Ebene des Ätherkörpers kommt es zu einer Braunfärbung, die an Verbrennungen erinnert.

Das Herz reflektiert unsere Handlungen. Bei übersensiblen Menschen reagiert es bereits empfindlich auf Kaffee – oder gar auf eine schlechte Haltung. Manchmal sind in ihm negative Energien aus der Kindheit gespeichert: Dominierende, lieblose Eltern ziehen oft genug ihr eigenes Ebenbild heran, einen in seinem Charakter verbildeten Menschen, den nur die Reinheit eines anderen ›befreien‹ kann.

Heiler, die ihr Herzchakra nicht richtig öffnen können, sind besonders stark durch Herzanfälle gefährdet. Nina Kulagina, ein bekanntes russisches Medium, ist, wie auch Walentina Krisanowa Kirlian, als ›Opfer der Wissenschaft‹ zu bezeichnen. Als Heilerin schloß sie offene Wunden und kurierte halbseitig gelähmte Personen. Sie brachte das Herz eines Frosches zum Stillstand, ließ im Innern einer Glaskugel Rauchwirbel entstehen, Streichhölzer und Zigarettenpäckchen schweben, auch Füllfederhalter und andere Gegenstände bewegte sie kraft ihres Willens. Vor jedem Experiment verspürte sie einen kurzen, scharfen Schmerz oder eine starke Hitze, die in ihrer Wirbelsäule aufstieg und ihr Sehvermögen beeinträchtigte. Während eines Experiments wurde ein stark beschleunigter Herzschlag gemessen, und sie wurde mehrere Male ohnmächtig. Manchmal strömte nach einem Experiment eine Kraft in ihren Körper, für gewöhnlich durch die Hände, und hinterließ leichte Verbrennungen auf der Haut. Bei mehreren Gelegenheiten fingen ihre Kleider regelrecht Feuer, und sie erkrankte schwer. Später litt sie immer öfter unter Schwindelanfällen, starken Schmerzen, Gewichtsverlust und Unwohlsein. Schließlich hatte sie einen schweren Herzanfall und führt seither das Leben einer Invalidin.

Verliebtsein

Der Zustand des Verliebtseins ist eine wunderbare, beflügelnde Erfahrung, durch die die Natur uns klarmachen will, wieviel Vitalität und Bewußtseinspotential in uns steckt. Wir verlieben uns, weil wir auf der Suche sind nach unserem ›Gegenstück‹, ohne das wir uns unvollständig fühlen – wir suchen den Ausgleich der Energien. Der Wunsch nach dem Partner ist der Ausdruck eines Mangels, den wir in uns selbst spüren. Eine unglückliche Partnerschaft oder eine unglücklich auseinandergegangene Liebesbeziehung wird oft deshalb zu einem großen Problem, weil durch die erfahrene Ablehnung unserer Männlichkeit – oder Weiblichkeit – wir uns manchmal selbst ablehnen.

Eine Berührung überträgt in der Regel sinnliche Botschaften, dennoch ist körperliche Liebe vor allem der Versuch, die Chakras in Harmonie miteinander zu bringen: Zwei Menschen versuchen, Kopf und Gravitation hinter sich zu lassen und sich auf die Ebene des Lichts zu erheben. Im Idealfall sind beide Partner auf allen Körperebenen miteinander verbunden: Ätherkörper, Astral- und Mentalkörper. Liebe, die nur auf der physischen Ebene ihren Ausdruck findet, führt zu Unausgeglichenheit, denn sie stellt nur einen Bruchteil der ganzen Erfahrung dar. In einer Beziehung sollte ein Austausch auf allen Ebenen stattfinden, sollten produktive und kreative Gedanken die sexuelle Anziehung ergänzen, sollte die Unterhaltung stimulierend wirken und der eine im Herzen des anderen auf Resonanz stoßen. Ist dies nicht der Fall, wird die Beziehung schal, man wächst nicht miteinander.

Nun sollen wir den Partner auch nicht besitzen wollen oder ihn mit unseren Vorstellungen überwältigen – es sollte vielmehr zu einem harmonischen Austausch kommen. Doch manchmal stecken gehörige Mißklänge in uns. Kinder, die in einer disharmonischen Familie aufwachsen, können diese negativen Energien als Erwachsene an ihre eigenen Kinder weitergeben. Aus purer Ignoranz, weil niemand versteht, was eigentlich passiert, schaffen einzelne Familienmitglieder über Generationen hinweg ein kompliziertes Netz von Schwingungen, das sich im Zuge der etablierten Familienbande ›vererbt‹.

Im Verlauf einer Beziehung öffnen wir entweder unser Herzchakra und erleben ein starkes Gefühl von Freiheit, Schönheit und echter Zuneigung, oder wir plagen uns, sind unzufrieden und unglücklich – und auch dieser Zustand führt dazu, daß das Herzchakra sich öffnet, nur eben durch Schmerz. Große Freude und großes Leid können beide zu unserer ›Erweckung‹ führen. Es ist nur verkehrt, sich nach einer schmerzlichen Erfahrung einzuigeln. Schmerz und Leid sind wichtige Erfahrungen, und unsere Einstellung dem Leid gegenüber ist entscheidend für unsere weitere Entwicklung.

Wenn wir unser Leben zu einem Klagelied machen, werden unsere Kraftzentren nicht davon profitieren! Wir müssen Schwierigkeiten, und seien sie noch so schmerzvoll, annehmen und durch sie lernen. Wenn Krankheit, Trennung von einem Partner, Störungen des Geistes usw. Fremdwörter für uns sind, wie wollen wir dann andere verstehen? Fehler und Schwierigkeiten sind der Schlüssel zum Wachstum, zu wahrer Reife.

Am Anfang einer neuen Beziehung steht ein wunderbares Gefühl von Liebe, in dem man sich verlieren könnte – das Herz öffnet sich und wird weit. Dann kommt der große Knall, aus und vorbei. Gerade hatte man sich an den anderen gewöhnt und an die prickelnden Gefühle, die seine Nähe auslöste – und plötzlich wird ›der Hahn zugedreht‹. Da stehen wir nun mit unserem Energieüberschuß, und das beste ist, ihn so schnell wie möglich umzuwandeln. Wer sich nach dem unglücklichen Ausgang einer Liebesbeziehung nur schwer wieder fassen kann, sollte anfangen, Sport zu treiben, einen interessanten Kurs belegen, sich als Hobbygärtner oder in einer Hilfsorganisation betätigen, mit anderen Worten, man sollte etwas möglichst Sinnvolles tun.

Wer immer wieder von einer unglücklichen Beziehung in die nächste schlittert, hat eine bestimmte Lektion zu lernen. Liebe ist eine Schwingung, und im Laufe unseres Lebens treffen wir immer wieder auf Menschen, deren Schwingungen denen einer geliebten Person ähneln – aus diesem oder auch vergangenen Leben. Ihre Mimik, ihre Gestik, irgend etwas spricht uns ganz tief im Innern an und erinnert uns – und wir verlieben uns einmal mehr.

Trotzdem – so ganz *verstanden* fühlen wir uns nie, und das hängt mit unserem Selbstverständnis zusammen. Wenn es uns gelingt, ein besseres Verständnis unseres höheren Selbst zu erlangen, brauchen wir unseren Partner nicht mehr aus materialistischen Motiven. In der Regel finden wir es allerdings schwierig, wenn nicht unmöglich, jedermann zu lieben – und doch können wir an jedem Menschen wachsen, nicht nur durch solche, die uns ohnehin liegen. Meistens sind es jedoch die Menschen, mit denen wir unmittelbar zu tun haben – Eltern, Geschwister, Kollegen –, die uns die größten Probleme bereiten. Davonlaufen ist jedoch keine Lösung. Nehmen wir die Herausforderung also an, lernen wir, damit umzugehen – das ist die beste Voraussetzung für die Reinigung und Kräftigung des Herzchakra.

Schlaganfälle und Epilepsie

Schlaganfälle treten auf, wenn keine feinstofflichen Energien fließen, wenn der Ätherkörper gewissermaßen blokkiert ist und keine Energie mehr in die Füße strömt. Bei einem epileptischen Anfall streben die Energien statt im mittleren Kanal rechts oder links von der Wirbelsäule aufwärts, und man hat beobachtet, daß es kurz vor dem Anfall zu einem Energieausfall in den Füßen kommt, verbunden mit bestimmten Symptomen wie Gefühllosigkeit in der Herzgegend und Nackenschmerzen. Wenn man zu dem gefährdeten Personenkreis gehört, sollte man sich, wenn diese Anzeichen auftreten, hinlegen, sich auf die Füße konzentrieren, tief und ruhig atmen, sodann den Scheitelpunkt entspannen und Energien durch Hände und Füße freisetzen. Verzichten Sie an diesem Tag aufs Essen. Lernen Sie, sich zu entspannen, arbeiten Sie daran, Geist und Körper zu kontrollieren, achten Sie auf richtige Ernährung und die Signale Ihres Körpers.

Anregungen

Das Herz ist der Sitz unseres Kollektivbewußtseins und bestrebt, Harmonie und Einheit herzustellen. Es gibt sich nicht damit zufrieden, etwas nur wahrzunehmen, eine Blume zum Beispiel, es wird selbst zur Blume und verschmilzt mit ihrem Wesen. Es hat auch Interesse an allem, was nicht direkt etwas mit uns zu tun hat, es hebt uns sozusagen über uns selbst hinaus. Achten wir mehr auf seine Signale, und zwar nicht nur, wenn es plötzlich rast oder in den Ohren dröhnt.

Versetzen Sie sich in Ihr Herz, stellen Sie sich auf Ihren Herzschlag ein. Versuchen Sie herauszufinden, wie Sie es am effektivsten reinigen können. Zuerst müssen alle groben Teilchen entfernt werden. Seien Sie sich selbst gegenüber ehrlich: Wenn Sie versuchen, Schmerzen und Negativität in diesem Bereich zu leugnen, machen Sie sich etwas vor. Ich kenne jemanden, der in seiner Imagination einen operativen Eingriff an seinem Herzen vornahm und alle Negativität daraus entfernte. Wichtig ist, daß das, was Sie vorhaben, in Ihrem Geist Form annimmt.

Das Herz ist durch die Atmung manipulierbar. Gründliches, kräftiges Ausatmen stärkt es in besonderem Maße, und die weiter oben bereits beschriebene Atemübung in Verbindung mit der Aura ist ebenfalls sehr hilfreich. Atmen Sie also ein, und beim Ausatmen entspannen Sie das Herz. In diesem Fall ist es vielleicht nötig, die Übung öfter als siebenmal zu wiederholen. Entspannen Sie nach und nach die Schultern, Ellbogen und Hände sowie das Gesicht und die Ohren. Lösen Sie Verkrampfungen im Nacken und Reste von Verspannungen in den Schultern auf, die die richtige Atmung behindern würden. Wenn das Herz wirklich entspannt ist, breitet sich in Ihnen unweigerlich ein Gefühl der Ruhe und des Friedens aus.

Weitere unterstützende Maßnahmen sind Streck- und Dehnübungen. Heben Sie die Arme seitlich in Schulterhöhe – der Brustkorb weitet sich –, dann weiter über den Kopf, und ballen Sie dabei die Hände zu Fäusten, die Sie mehrmals lösen, ballen, lösen etc. Atmen Sie hörbar aus. Gähnen Sie ausgiebig. Unterdrücken Sie weder Ihre eigenen Tränen noch die von Kindern. Weinen entkrampft und hört ganz von selbst auf, wenn die Anspannung abgebaut ist. Versuchen Sie, an die wohltuende grüne Schwingung der Natur zu denken, baden Sie in ihr, und entspannen Sie darin. Auch dies ist eine reinigende, kräftigende und heilsame Übung.

Atmung und Energieaustausch im Herzchakra

Wieviel wir aus unserer Atmung machen, ob wir wirklich alles aus ihr herausholen, hängt von unserer Konzentration ab. Üben wir also bewußtes Atmen, indem wir uns sagen: »Dieser Atemzug gibt mir die Stärke, die ich brauche.« Verfolgen Sie den Weg des Atems: Er dringt in die Lunge ein, wo es zu einem Austausch kommt. Die roten Blutkörperchen transportieren den Sauerstoff im Blut zu jeder einzelnen Zelle, so daß, bildlich gesprochen, der ganze Körper atmet.

Versenken Sie sich in Ihren Atem, und mit jedem Einatmen lassen Sie sich tiefer in die Bereiche Ihres Ich-bin-Bewußtseins hinabsinken.

Verschmelzen Sie mit Ihrem Herzen, atmen und entfalten Sie das Gefühl der Liebe. Wenn Sie bewußt atmen und sich in das Gefühl der Liebe hinein entspannen, wird Ihre innere Schönheit immer mehr erstrahlen.

In Ihrer Vorstellung stehen Sie nun sich selbst gegenüber. Versuchen Sie zu spüren, was Sie Ihrem eigenen Gegenüber ›entgegenatmen‹. Spüren Sie dann, daß dieses Gegenüber alles annimmt, weil Sie beide eins sind. Stellen Sie sich nun ein fremdes Gegenüber vor. Statt Zuneigung spüren Sie seinen Zorn, seine Nervosität, und sogleich wird sich die Qualität Ihres Atems verändern. Wir reagieren äußerst empfindlich auf unsere Umgebung und atmen entsprechend, wobei vor allem das Ausatmen beeinträchtigt wird. Versenken Sie sich in die ruhige Wellenbewegung des Ein- und Ausatmens, die Ihren Körper trägt, die Kraft der Transzendenz in Ihnen weckt und Sie den Raum mit Schönheit und Liebe erfüllen läßt.

Transformation des Bewußtseins

Setzen Sie sich bequem hin, und beginnen Sie die Übung, indem Sie sich ›erden‹ und an Erdfarben denken. Braun, Orange, Rot, warme Farben, die Ihnen das Gefühl von Geborgenheit geben. Entspannen Sie die Füße, die Zehen; lassen Sie alle Gedanken los. Versuchen Sie, keine Bilder aufsteigen zu lassen, denken Sie nur an Ihren inneren Pfad.

Entspannen Sie die Arme, lassen Sie sie ausruhen. Den Händen ist das Bewußtsein für die Funktion des Festhaltens abhanden gekommen, denn Sie befinden sich jetzt auf einer anderen Bewußtseinsebene, wo sie keine physischen Hände benötigen. Lassen Sie sie ausruhen, ebenso die Schultern.

Schauen Sie in das Innere Ihres Körpers, und überall, wo Sie Verspannungen bemerken, lösen Sie sie auf. Umspülen Sie die inneren Organe mit weißem Licht und dem Gefühl der Liebe. Spüren Sie Ihren Atem – Sie atmen im Gleichklang mit dem Universum. Spüren Sie die Schwingungen der Zellen – jede einzelne fühlt sich stark und sicher.

Sie bewegen sich ohne Furcht und problemlos von einer Bewußtseinsebene zur nächsten, nichts hält Sie auf irgendeiner bestimmten Ebene fest; Sie existieren auf allen gleichzeitig.

Jetzt stehen Sie am Anfang eines Korridors. Am anderen Ende können Sie ein Licht erkennen, und während Sie furchtlos darauf zugehen, haben Sie das ungewohnte, aber angenehme Gefühl, sich auszudehnen. Um Sie herum nehmen die Schwingungen zu, und Ihre eigenen Schwingungen werden schneller, Sie selbst beginnen, immer schneller zu vibrieren.

Ihre Füße spüren einen Pfad, dem Sie ohne Schwierigkeiten folgen. Vor Ihnen breitet sich ein Garten aus, Bäume, Blumen, ein schimmernder See. Sie nähern sich den Blumen und entdecken, daß es kleine Energiewirbel sind und daß, wenn Sie sie berühren, Ihre Hände zu vibrieren beginnen und die Energie aufnehmen.

Spüren Sie nun die gelben und grünen Schwingungen der Sonne und der Felder. Werden Sie zu einem Blatt, und spüren Sie die Blattunterseite, seine Zellstruktur. Wie fühlt sich die Sonne auf einem Blatt an? Die Blätter senden grüne und blaue Schwingungen aus, die Sie durchdringen. Entspannen Sie sich, und genießen Sie dieses Entspanntsein eine Weile.

Versuchen Sie, sich wie ein singender Vogel zu fühlen, der von diesen Schwingungen umgeben ist, und spüren Sie, auf welche Weise er sich der Energien bewußt ist.

Stimmen Sie sich auf die Bäume ein, und nehmen Sie die grünen Schwingungen in sich auf. Stellen Sie sich die Baumringe vor, und spüren Sie den Wechsel der Jahreszeiten. Spüren Sie mit der Hand die unterschiedlichen Schwingungen, die von den verschiedenen Ringen ausgehen und die aus der Zeit stammen, als der Baum noch jünger war. Entspannen Sie sich, nehmen Sie die Energien auf.

Wenn Sie den Zeitpunkt für gekommen halten, schauen Sie wieder in die Ferne. Sie erkennen dort ein Gebäude, seine belebenden Schwingungen können Sie bereits spüren. Sie gehen darauf zu und kommen zu einer mit bunten Steinen mosaikartig gepflasterten Auffahrt. Ihre Füße spüren die einzelnen Farben und nehmen ihre Schwingungen auf. An der Eingangstür angekommen, warten Sie kurz, dann gehen Sie hinein.

Treten Sie bewußt ein. Vor Ihnen steht ein Gefäß mit klarem Wasser, und ein weißes Gewand liegt bereit. Sie reinigen sich gründlich und streifen das saubere Gewand über.

Jetzt betreten Sie ganz bedächtig das kreisrunde, riesige Innere des Gebäudes, in dessen Mitte eine Energiefontäne ›plätschert‹. Sie spüren Myriaden von kleinsten Schwingungen, die von ihr ausgehen. Stellen Sie sich nun Ihre eigene Energie und Aura wie diese Fontäne vor, die sie vollständig einhüllt. Gehen Sie jetzt langsam auf die Fontäne zu, halten Sie Ihre Hände hinein, und versuchen Sie, etwas von ihrer Energie aufzunehmen. Sie spüren die Energie überall und werden selbst zu einem Teil der Fontäne. Verweilen Sie einen Augenblick darin.

Dann beginnen Sie, den Kuppelsaal zu erfühlen. Ihre Augen sind geschlossen, aber Sie können den ganzen Saal trotzdem sehen, auch, was sich hinter Ihnen befindet. Stellen Sie sich nun vor, daß alle Ihnen nahestehenden Personen und Tiere bei Ihnen sind, jemand, der krank oder unglücklich ist und dem Sie helfen möchten, jemand, mit dem Sie nicht auskommen. Sie hüllen sie alle in einen großen Mantel, der von den Schwingungen der Liebe durchtränkt ist.

Wenn Sie fertig sind, kehren Sie wieder in Ihren Körper zurück. Spüren Sie die Zehen, die Hände. Entspannen Sie, und genießen Sie den Frieden, die transformierte Umgebung – und wenn Sie soweit sind, öffnen Sie die Augen.

6

Das Kehlkopfchakra

Nahrungsaufnahme und Kommunikation, das sind die beiden Funktionen des Kehlkopfchakra. Unser zwanzigstes Jahrhundert könnte man als das Jahrhundert der Kommunikation bezeichnen: Telefone und Telex verbinden Kontinente, die Medienlandschaft ist unüberschaubar – Zeitungen, Zeitschriften, Fernsehen, Satelliten, Rundfunk, Radar und vieles mehr stehen uns zur Verfügung. Unser Planet ist ein einziges Stimmengewirr – und doch wissen wir nichts mehr von der Macht des Wortes.

Eine Sprache besteht aus aneinandergereihten Tönen und Symbolen, mit denen wir bestimmte Vorstellungen, Konzepte und Ideen verbinden, die wir im Geist zu bedeutungsvollen Aussagen zusammenfügen. Ein wirkliches Verständnis besitzen wir jedoch nur von den Dingen, die wir bereits kennen und erfahren haben. Sobald wir über Metaphysisches nachdenken, stoßen wir an die Grenzen unserer Sprache, die ja nur das reflektiert, was wir kennen – sie ist zu beschränkt, um Transzendentes zu erfassen.

Für die alten Ägypter hatten Worte eine andere Bedeutung als für den modernen Menschen. Das Wesen der Worte, so hatten sie erkannt, war Klang, Sprechen ein Vorgang, bei dem Sonarfelder aufgebaut wurden, deren Schwingungen mit den universellen Schwingungsmustern verschmolzen, die allem zugrunde liegen. So gab es bei ihnen unzählige Gesänge, Mantras und Zeremonien; für sie waren Worte Werkzeuge.

Wer ist sich heutzutage schon der Tatsache bewußt, daß der Klang des eigenen Namens eine Wirkung erzeugt? Man kann einen Namen liebevoll aussprechen oder aggressiv. Wir sollten daher nicht nur auf unsere Worte achten, sondern auch auf den Tonfall, den wir wählen. Außerdem müssen wir unser Wahrnehmungsbewußtsein für Töne und Klänge schulen. Ein Wort kann auf verschiedenste Weise intoniert werden. Eine Tonfolge, in der rechten Weise angestimmt, kann einen veränderten Bewußtseinszustand hervorrufen, in der falschen Tonart angestimmt, bleibt sie ohne Effekt. Klänge bewirken eine physische Veränderung des Gaumens – sie erzeugen kleine Wirbel, wenn man sie an ihm entlangbewegt, und können ebenfalls ein verändertes Bewußtsein herbeiführen.

Klang

Die Klangempfindung ist keineswegs auf die Wahrnehmung durch die Ohren beschränkt. Der ganze Körper, jede Zelle und selbstverständlich auch unser Bewußtsein, reagiert auf Klänge. Möglich, daß die Mauern von Jericho wirklich durch den Klang der Trompeten zum Einsturz gebracht wurden.

Während Musik heutzutage eine Art ›Konsumgut‹ geworden ist, war sie früher ein Mittel zur Kommunikation mit den Göttern, das die Teilnehmer einer Zeremonie auf die Schwingungen der höheren Bewußtseinszustände einstimmte. Wir wissen, daß jedem Baum, jeder Blume, jedem Stein ein bestimmter Ton eigen ist, der im Laufe des Tages seine Klangfarbe verändert; unsere eigene Hörfähigkeit ist jedoch auf bestimmte Frequenzen beschränkt. Im Laufe seiner Entwicklung verlor der Mensch die Fähigkeit, Unsichtbares zu sehen und Unhörbares zu hören, während der urzeitliche Mensch noch über ein ganz ausgezeichnetes, sensibles Wahrnehmungssystem verfügte. Er ›hörte‹ nicht nur in einem größeren Frequenzbereich, er nahm auch feinste Schwingungen der Natur und der Atmosphäre wahr, ja sogar der Erde selbst und anderer Planeten. Heute sind nur noch Pferde, Hunde und Fledermäuse in der Lage, Hochfrequenztöne zu registrieren, die für das menschliche Ohr unhörbar geworden sind.

So wie wir jedoch mit unsichtbaren Kräften wie der Elektrizität umgehen können, haben wir auch gelernt, uns bestimmte Klänge dienstbar zu machen, die wir nicht hören können, und verwenden sie, um Bakterien zu töten, den Ozean zu vermessen oder im Rahmen der Ultraschalltherapie.

Wenn die Chakras gereinigt und die Kanäle zwischen Wurzelchakra und Scheitelchakra ›frei‹ sind, können bestimmte Klänge, die Mantras genannt werden, einen veränderten Bewußtseinszustand herbeiführen, denn durch die Wiederholung eines solchen Mantras werden bestimmte Energien produziert. Mantras heben den Gaumen an, wodurch Energie vermehrt in der Wirbelsäule aufwärts gelenkt wird. Nun, da ein Überschuß an Energie vorhanden ist, muß auch etwas geschehen: Wir kämpfen, laufen davon, schreien, singen oder erleben einen Höhepunkt.

Klänge vibrieren unterschiedlich schnell, manche aktivieren die Zirbeldrüse oder die Hirnanhangsdrüse, wie zum Beispiel dieser geheime gnostische Gesang, ein Gebet aus dem Werk *Discourse on the Eighth and Ninth:* Zoxathazo a ōō ēē ōōō ēēē ōōōō ēē ōōōōōōōōōōōō ōōōōōō uuuuuu ōōōōōōōōōōōō ōōō Zozazoth. Man erkannte schon sehr früh, daß Vokale im Körper Energien produzieren, im Mund mittönen und Zirbeldrüse sowie Hirnanhangsdrüse anregen – sie wurden daher als heilige Laute bezeichnet. Außerdem stimulieren sie die Nerven des Stirnchakra, den Sitz des Dritten Auges, die Gesichtsmuskulatur und die Ohrreflexe.

Die Ohren gehören übrigens – wie der Gaumen – zu den vernachlässigten Teilen unseres Körpers. Unsere urzeitlichen Vorfahren wußten auch mit ihnen mehr anzufangen als wir, mit ihrer Hilfe manipulierten sie zum Beispiel ihre Psyche. Tiere haben sich bis heute aurikulare Mobilität erhalten. Wenn Sie Ihre Ohren nach unten ziehen, spüren Sie, wie der Gaumen sich leicht anhebt. Ebenso hebt er sich, wenn Sie Vokale singen, summen oder ein traditionelles Mantra wiederholen, mit dem Sie Ihr Bewußtsein verändern. Der heilige Laut ›OM‹ ist derart beschaffen, daß die Lippen optimal geöffnet sind, um den Klang ausströmen zu lassen, das ›M‹ schließt ihn und wirkt als Erdung. Man kann auch bestimmte gregorianische Gesänge zu den Mantras rechnen, die den Gaumen zum Vibrieren bringen, das Hörvermögen stimulieren und mit ihrer monotonen Rhythmik eine bestimmte Atmosphäre erzeugen. Manchmal ist die erzeugte Energie so stark, daß Hellsehen, Retrospektion und Blicke in die Zukunft sowie in feinste Strukturen möglich sind.

Das Beten von Rosenkränzen mit den sich immer wiederholenden Formulierungen soll dazu dienen, den Gläubigen in einen Trancezustand zu versetzen, in dem die Gehirnwellen sich verändern. Tempel und Kirchen wurden auch unter akustischen Gesichtspunkten gebaut – nur wenn der Klang richtig tönte, würden sie Ihren Zweck erfüllen. Deshalb galt es, die heiligen Aspekte des Raumes zu beachten.

Man wußte, daß geometrische Muster, ein Steinkreis oder eine Kuppel etwa, Klänge verstärken und sie so mit dem Kosmos verschmelzen lassen. Der Grundriß einer Kirche oder eines Tempels mußte mit den Proportionen des menschlichen Körpers harmonieren, damit sein Gesang transformiert werden konnte. Und nicht zuletzt wurde der Altarstein sorgfältig ausgewählt. Durch Beklopfen stellte man seinen Ton fest, und auch tragende Steine wurden so auf ihre Tauglichkeit hin überprüft. Im Gegensatz zu damals wird heute bei Baumaterialien nicht mehr auf Klang und Schwingung geachtet. Kein Wunder, daß unsere modernen Gebäude nur Mißklänge hervorbringen. Wer ihnen auf Dauer ausgesetzt ist, wird feststellen, daß sie das Bewußtsein massiv stören.

Verbale Verschmutzung

Durch unablässiges Reden vergeuden wir eine Unmenge an Energie. Vereinfacht könnte man sagen, daß wir weniger Probleme hätten, wenn wir weniger sprächen. Wenn wir unsere Kräfte in andere Kanäle leiten und sinnvoll nutzen würden, bräuchten wir längst nicht mehr alles so heftig zu diskutieren. Alles, was über den Gaumen zur Zirbeldrüse und zur Hirnanhangsdrüse gelangt, schwingt. Wenn die Schwingung hoch ist, manifestiert sie sich in uns als Kraft und Schönheit; ist sie negativ, werden wir im übertragenen Sinn zu Nestbeschmutzern. Menschen mit einem schwarzgefärbten Wurzelchakra haben die Fähigkeit verloren, Negativität auf natürliche Art und Weise durch Entleerung der Gedärme auszuscheiden, sie müssen sie förmlich ausspuken. Indem sie sich überwiegend negativer Sprache bedienen, stoßen sie durch den Mund dunkle Energiewolken aus. Möglicherweise haben sie sich eine starke negative Gedanken-Form geschaffen und spüren Erleichterung, wenn sie darüber sprechen, weil sie ihr dadurch vorübergehend negative Energie entziehen. Wenn ein Mensch sehr oft unglücklich ist (man sagt dann, daß ihn eine dunkle Wolke umgibt), zieht er dunkle Energien an und der Ätherkörper verdunkelt sich, ebenso das betroffene Herzchakra. Wenn wir uns negativer Rede befleißigen, setzen wir angestaute Energien nicht nur aus der Kindheit, sondern auch aus früheren Leben frei. Ein starker Geist, der negativ über einen anderen Menschen spricht, schafft so von dieser Person eine negative ätherische Form. Wir wissen zum Beispiel, daß Sand, der durch Laute in feine Schwingung versetzt wird, Muster in Form von Wellenlinien aufweist und daß diese Wellenlinien ›verzerrt‹ aussehen, wenn man die Töne unter einem knorrigen Holztisch hindurchleitet. Auf dieselbe Weise kann Klang auf ätherischer Ebene verzerrte Strukturen erzeugen, die dann in der Aura und der Atmosphäre erscheinen. Auch wenn ein solcher Mensch einmal guter Dinge ist und versucht, positiv zu denken, werden die negativen Strukturen sein Bewußtsein wieder verdunkeln.

Negative, gemeine Worte bzw. ihr Schall übertragen sich auch auf Gegenstände in unseren Händen oder gar auf das Zimmer, in dem wir uns befinden. Wir haben ihnen auf ätherischer Ebene negative Eindrücke ›aufgepreßt‹. Wenn sich dieser Vorgang öfters wiederholt, wird die Negativität immer spürbarer und selbst Fremde werden unangenehm davon berührt.

Wenn wir uns weidlich über andere Menschen auslassen, tun wir uns damit keinen Gefallen. Obwohl es momentan Erleichterung verschafft, ziehen wir doch nur dunkle, schwere Energiewolken an und verschmutzen unser Energiesystem. Wir transportieren diese groben Energien (bzw.

ihren Schall) in alle Chakras, ruinieren die Schilddrüse und beeinträchtigen die Zirbeldrüse sowie die Hirnanhangsdrüse. Es schadet nicht, wenn man über Probleme, die man vielleicht mit anderen Menschen hat, spricht, doch sollte man es auf verständnisvolle Art tun, wie man es täte, wenn man über der Sache stünde.

Die Kirche bot ihren Gläubigen ein wirkungsvolles Mittel an, um über Negatives zu sprechen und es möglichst ohne negative Emotionen freizusetzen – sie schickte sie zur Beichte. Unsere Worte hallen nämlich nicht nur im Kehlkopfchakra wider, ihre Spuren finden sich auch in den anderen Chakras, vor allem im Stirnchakra und im Herzchakra wieder, beeinflussen also unser gesamtes Leben.

Hypnose und Magnetismus

Die Stimme ist ein vortreffliches Hilfsmittel in der Hypnose. Der Hypnotiseur schickt seine Befehle mit sanfter, monotoner Stimme in Richtung der hypnotisierten Person, in deren Unterbewußtsein so eine Verbindung mit dem Hypnotiseur etabliert wird. Dieser stellt dabei seine Chakras auf die Schwingungen des Klienten ein und kann ihn so kontrollieren. Feuer wird ihn nicht verbrennen, Eis bringt ihm keine Erfrierungen bei, und Nadelstiche spürt er nicht, denn der Hypnotiseur arbeitet mit dem zweiten Nervensystem, das Schmerzen gegenüber unempfindlich ist und auf einer anderen Ebene funktioniert. Manchmal sind sich Hypnotiseure der Bindung, die sie schaffen, gar nicht bewußt und vergessen, sie wieder aufzulösen; dadurch bleibt der Klient auch weiterhin an den Hypnotiseur gebunden.

Auch Magnetismus schafft eine Form von Abhängigkeit. In vielen Heimen und Anstalten werden Menschen ›verwahrt‹, die sich für jemand anders halten, meistens für irgendeine berühmte Persönlichkeit. Napoleon wird in diesem Zusammenhang besonders häufig genannt. Er konnte die Schwingungen anderer seinen eigenen angleichen und sie so leicht manipulieren – ein Zeichen dafür, daß er zu den Menschen mit einem großen Energiereservoir gehörte. Ein Judo- oder Karatemeister ›sieht‹, daß die farbigen Schwingungen seiner Studenten sich oftmals den seinen anpassen, wenn sie mit seinem Energiefeld in Berührung kommen; die Schüler werden für einen Augenblick zu einer Verlängerung seiner selbst. Moses vermochte es, den Israeliten zu einer Gruppenseele zu verhelfen, damit sie sich gegenseitig Kraft spenden konnten. Auch moderne Gurus gleichen die Schwingungen ihrer Jünger den eigenen an und hinterlassen tiefe Eindrücke in deren Unterbewußtsein, die immer wieder anklingen, wenn der Betreffende eine ähnliche Schwingung erreicht. Es würde mich nicht wundern, wenn in vielleicht zweihundert Jahren Menschen sich für den einen oder anderen unserer heutigen Gurus halten.

Kriegsneurosen

Die vielen Verwundeten des Ersten Weltkriegs boten ein weites Betätigungsfeld für die Erforschung von Kriegsneurosen. Das unerträgliche Donnern von Kanonen, Granaten und Maschinengewehren führte bei vielen zum vorzeitigen Öffnen der Zentren, verbunden mit allen Anzeichen einer Überlastung des Systems: Halluzinationen, Schwindel, Verdauungsstörungen, Hörprobleme, Konzentrationsschwäche.

Was wir noch nicht realisiert haben, ist, daß so manche der Geräuschquellen unserer modernen Gesellschaft, wie der Radau bestimmter Arten von Musik, Straßenbaumaschinen, Autolärm, Flugzeuge, Staubsauger etc., in etwa dieselbe verheerende Wirkung haben können. Besonders die Systeme von Kindern und Kleinkindern nehmen leicht Schaden und öffnen sich zu früh. So hat man bei Kindern, die über parapsychologische Fähigkeiten à la Uri Geller verfügten, festgestellt, daß sie alle irgendwelche Unfälle erlitten hatten, durch die die Zentren vorzeitig aktiviert wurden. Außerdem kann man beobachten, daß Kinder mit Lern- und Kommunikationsschwierigkeiten immer wieder Reime oder Sprüche hersagen, wenn sie sich bedrängt fühlen. Erwachsenen geht es manchmal ganz ähnlich – wir singen, summen oder denken etwas, das wir nicht ›gerufen‹ haben. Beobachten Sie sich, wenn Ihnen das öfter passiert, denn vielleicht geben Sie einer Form Leben, die sich ohne Ihre Erlaubnis in Ihr Bewußtsein eingeschlichen hat und die Sie möglicherweise nicht mehr abschalten können.

Klänge können aber auch sehr heilsam sein. Nehmen Sie sich vor, jedesmal, wenn Sie mit sich und der Welt im Streit liegen, entweder eine bestimmte Melodie zu singen, ein bestimmtes Wort oder einen bestimmten Laut zu wiederholen, um so die Negativität aufzulösen (die man meistens selbst verursacht hat). Lachen ist eine wahre Wunderwaffe und kräftigt obendrein Unterleib und Kehle. Manchmal können Lachen und gesunder Humor eine Krankheit regelrecht vertreiben. Nehmen Sie sich vor, immer wenn Sie wütend sind, in die Hände zu klatschen und ›Ha!‹ zu rufen. Dieser Ausruf ähnelt klanglich dem tibetischen Mantra ›Phat‹, das man kurz und explosiv mit einem harten ›p‹ ausspricht, um Gedanken-Formen aufzulösen und die Atmosphäre zu reinigen. Das berühmte Singen in der Badewanne hat ebenfalls den Charakter einer Reinigungszeremonie aufgrund der durch den Dampf akustisch verstärkten und dadurch besonders wirksamen Klänge.

Rauchen

Rauchen wirkt massiv auf die Atmosphäre eines Raumes ein. Den Rauchern selbst fällt es gewöhnlich schwer, dies einzusehen. Jedesmal, wenn eine Zigarette geraucht wird, verändern sie ihr eigenes Energiefeld, es färbt sich schwach grau oder schmutzig-gelb und nimmt eine niedrigere Schwingung an. Durch Kettenrauchen färbt sich der Atem dunkler, und je nachdem, wie verseucht die Lungen des Rauchers bereits sind, kann er sogar tiefschwarz werden. Schließlich fühlt man sich in diesem Zimmer äußerst unwohl, weil man die groben und schweren Energien spürt.

Atmung

Falsches Atmen ist zu einer Zivilisationskrankheit geworden. Wer nicht richtig atmet, ist anfällig für Hals- und Kehlkopferkrankungen. Die meisten Menschen atmen falsch aus; überhaupt nutzen sie höchstens ein Drittel ihrer Lungenkapazität, mit dem Ergebnis, daß der Ätherkörper verunreinigt und die Energiestrukturen teilweise blockiert sind. Richtiges Atmen ist lebenswichtig.

Übungen zur Stärkung des Kehlkopfchakra

Wenn Sie sich verspannt fühlen und nicht entspannen können, beugen Sie den Kopf zurück, dann lassen Sie ihn langsam nach vorn fallen, bis das Kinn die Brust berührt. Drehen Sie ihn nun mehrmals zur Seite, zuerst nach rechts, dann nach links, so oft, bis Sie das Gefühl haben, es ist genug.

Hören

Machen Sie es sich bequem. Schließen Sie die Augen, und entspannen Sie den Körper.

Stellen Sie sich nun als erstes vor, daß Sie ein Laut sind, ein kosmischer Klang. Hören Sie ihn, und spüren Sie seine Frequenz in Ihrer Aura. Atmen Sie ganz langsam um Ihre Aura herum, siebenmal, von rechts nach links. Fühlen Sie sich wohl in Ihrem aurischen Ei. Beim vorletzten Atemvorgang dehnen Sie die eiförmige Aura auf das ganze Zimmer aus, bis nach draußen, umspannen Sie auch den Garten. Wenn Sie keinen haben, stellen Sie sich beim letzten Atemzug Blumen und Bäume vor, aber füllen Sie nur das Zimmer aus.

Versuchen Sie nun, die Töne Ihres Körpers zu hören. Als erstes hören Sie auf Ihr Herz, dann auf das Anschwellen und Abebben Ihrer Lungen. Wenn es Anspannungen dort gibt, lösen Sie sie auf. Achten Sie nun wieder auf Ihren Herzschlag, und lösen Sie die Spannung in den Händen sowie in den Schulterzentren. Hören Sie auf Ihren Blutkreislauf. Manchmal sind die Töne spürbar.

Entspannen Sie noch tiefer. Ihr Körper kennt den Klang Ihres Herzschlags sehr gut, Ihre Organe sind mit ihm vertraut, die Lungen und das Gehirn ebenso. Versenken Sie sich nun in den Bauch, lauschen Sie aufmerksam. Jedes Organ hört sich anders an, und wenn Funktionsstörungen auftreten, verändert sich sein Ton.

Entspannen Sie die Organe sehr tief, fühlen Sie, daß die Töne harmonisch sind und das Herz sich nun noch tiefer entspannt.

Das Gehirn ist wie ein Großcomputer und gibt andauernd Geräusche von sich. Schalten Sie es ab, damit Sie ruhig werden und die Ruhe in Ihrem Körper spüren können. Verharren Sie dort, dann treten Sie aus dieser Ruhe in Ihr aurisches Ei – und sind wieder von Tönen umgeben.

Versuchen Sie als nächstes, das Zimmer zu erspüren. Erst, wenn Sie seine Frequenz gefühlt haben, begeben Sie sich nach draußen und lauschen auf die Töne der Bäume und des Windes. Sie selbst haben aufgehört zu existieren, auch das Zimmer existiert nicht mehr als solches. Sie spüren und hören die Schwingungen der Wurzeln im Erdreich; legen Sie Ihr Ohr an einen Baumstamm, und achten Sie auf die aufsteigenden Säfte. Versuchen Sie, die Vibrationen der Elementale zu hören und die der Blätter.

Unser Planet besteht aus Klängen. Versuchen Sie, die verschiedenen Klänge zu unterscheiden. Industriegeräusche, friedliche Geräusche, Kriegslärm und die vielen anderen, die die Erde umgeben. Auf der Ebene der Schöpfung gibt es den Urklang, in den alle anderen eingebettet sind. Manchmal können Sie Ihre eigene Frequenz erkennen, eingebettet in den Urton, und Sie verspüren eine tiefe Ruhe, umgeben von Klängen sind Sie ganz ruhig.

Stimmen Sie sich wieder auf die Frequenz Ihrer Aura ein, und bringen Sie sich ins Gleichgewicht, falls Sie zu hoch oder zu tief in ihr sitzen. Wenn Sie zu den Menschen gehören, die dauernd praktisch denken müssen, kann es sein, daß Sie Ihre Schwingung erhöhen müssen.

Kehren Sie nun wieder zum Urton zurück, versuchen Sie, sich von ihm erfüllen, durchdringen zu lassen und die einzelnen Atome zu spüren. Lassen Sie sich höher und höher tragen, der Ton steigt mit Ihnen, bis Sie losgelöst sind. Wenn Sie lange genug in ihm verweilt haben, kehren Sie wieder in Ihren Körper zurück. Bewegen Sie die Zehen und die Hände, und strecken Sie sich gründlich.

7

Das Stirnchakra (Drittes Auge)

Das Stirnchakra, auch ›Drittes Auge‹ genannt, ist ein sensibles und präzises Instrument, das man sich in etwa wie ein menschliches Auge vorstellen kann. Wie das physische Sehorgan spiegelt es die Krankheiten eines Menschen wider, ebenso seinen Reifegrad. Solange es geschlossen ist, bilden die Energien ein schützendes, schleierartiges ›Lid‹, bestehend aus sieben Schichten, die sich gegenseitig durchdringen. Immer, wenn sich eines der Hauptchakras öffnet, wird eine Schicht aufgelöst, was im ›Tanz der Sieben Schleier‹ symbolisch dargestellt wird. Fortgeschrittene Schüler verschiedener Erkenntniswege erlangen bei seiner Erwekkung zum Beispiel Zugang zu dem sogenannten Akasha-Wissen, das alles umfaßt, was je existiert hat, die gesamte Evolution.

Das Öffnen dieses Zentrums sollte allmählich geschehen, obwohl es Menschen gibt, die es spontan erwecken. Bei anderen bedarf es langer Entspannungsübungen und der Anleitung durch einen Lehrer, ehe das Dritte Auge sich langsam zu öffnen beginnt. Die Gefahr bei vorzeitiger oder zu schneller Erweckung besteht darin, daß man mehr sieht, als man verkraften kann. Die Wirkung läßt sich vergleichen mit der Verwirrung eines Kindes, das man in das Kontrollzentrum eines Raumschiffs blicken läßt. Es wird wenig anzufangen wissen mit den komplizierten Apparaturen und deren Informationen. Der Blick in eine Welt voller Klänge, feinstofflicher Energieschnüre und Strukturen, Entitäten und Elementale kann ebenso verwirrend wie befreiend sein, auf jeden Fall aber braucht man eine gewisse Zeit der Anpassung.

Wir alle haben schon erhöhte Wahrnehmungszustände erlebt, in denen das Bewußtsein sich verändern kann. Wenn dies unvorbereitet geschieht, kann eine erschreckende Erfahrung daraus werden. Schon ein gewaltiger Schlag auf den Kopf kann das Stirnchakra verfrüht öffnen; Unfallopfer haben auf diese Weise plötzlich Einblick in vergangene Leben erhalten und sind dadurch in eine Identitätskrise geraten. Früher war das Öffnen des Dritten Auges von Zeremonien begleitet, die manchmal zu erschreckenden oder schmerzhaften Erfahrungen für den Initianden wurden. Jede Erfahrung hat in unserem Bewußtsein einen tiefen Eindruck hinterlassen, und manchmal wird die Erinnerung daran wieder lebendig. Es gibt Menschen, die sich in ihren Erinnerungen regelrecht verlieren und keinerlei Kontakt zu ihrem jetzigen Dasein mehr herstellen können.

Der Blick in vergangene Leben ist nicht immer heilsam. Wir haben alle unliebsame Erinnerungen an Existenzen, in denen wir getötet haben, grausam waren oder in denen uns selbst etwas Furchtbares zugestoßen ist. Die Erinnerung daran kann mit allen dazu gehörenden Gefühlen wieder lebendig werden. Menschen mit gestörten Chakrafunktionen haben oft in einem ihrer Vorleben schwere Traumata erlitten.

Lilla erlebte derartige ›Ausflüge‹ in vergangene Leben, wenn sie sich erregte und Extraenergien produzierte. Sie versuchte, mit Humor an die Sache heranzugehen, gebrauchte ihre Vernunft und beschäftigte sich mit einer praktischen Arbeit oder setzte sich hin, trank eine Tasse Kaffee und fand alles köstlich. Die Konfrontation mit dem Unbekannten kann uns Angst einjagen – sie wird es nicht tun, wenn wir den ›objektiven Betrachter‹ einschalten, der sich am allerbesten mit einer gesunden Portion Humor herbeirufen läßt. Die erste und zugleich wichtigste Grundregel im Umgang mit solchen Erinnerungseinbrüchen ist es, Abstand zu wahren und uns nicht allzu wichtig zu nehmen. Das Dritte Auge kann wie ein Fernsehgerät an- oder abgeschaltet werden, ebenso können wir das Programm auswählen, das uns interessiert. Aber es gibt erschreckend viele Menschen, die nicht einmal mit ihrem TV-Gerät umgehen können und zwanghaft alles anschauen müssen.

Das Öffnen des Dritten Auges ist ein echtes Geschenk, Sie sollten lernen, es zu nutzen und Ihr Programm zu wählen; Sie sind nicht dazu verdammt, wahllos alles anzuschauen, was sich Ihnen darbietet. Es kann Ihnen neue ungeahnte Dimensionen eröffnen, aber Sie müssen es unter Kontrolle haben.

Das Gehirn ist die Filteranlage unseres Energieversorgungssystems. Wenn wir Energien von minderer Qualität aufsteigen lassen, programmieren wir Störfälle vor. Aber auch wenn Energie hauptsächlich rechts oder links von der Wirbelsäule aufwärts steigt, kommt es zu Störungen, in diesem Fall zu einer ziemlich einseitigen Vorstellungswelt. Das Dritte Auge sollte der Beobachtung dienen; wenn wir uns jedoch darin verlieren, schaden wir uns. Oft sind es Menschen von großer Intelligenz, die ihm förmlich verfallen, weil es ihnen an Verständnis für sich selbst und an Mitleid mangelt. In unserem Unterbewußtsein sind alle Träume, alle negativen Gespräche und Gefühle, die wir je hatten, ebenso gespeichert wie die positiven. Wenn unser Bewußtsein nun überreizt wird, knüpft es an die Aspekte an, die unserem jetzigen Wesen am meisten entsprechen.

Die Reise in jenseitige Bewußtseinswelten birgt also gewisse Gefahren in sich – Halluzinationen und andere Begleiterscheinungen, sogar ein gespaltenes Bewußtsein können auftreten. Menschen, die darunter leiden, haben die Ausrichtung ihres Dritten Auges eingebüßt. Die Energien verteilen sich auf zwei oder mehrere Personen bzw. Gedanken-Formen, die miteinander uneins sind und oft nicht wissen, was der/die andere bezweckt oder vorhat. Statt harmonischer geometrischer Energiestrukturen bilden sich asymmetrische Formen mit disharmonischen Schwingungen, und die Folge sind unkontrollierte Angstzustände, Halluzinationen und Geisteskrankheiten: Wir halten uns für jemand anders oder geraten unter den Einfluß einer Entität und in den Zustand der Besessenheit.

Geister

Auf der ätherischen Ebene unseres Bewußtseins sind Gedanken, Gefühle und Erfahrungen gespeichert bzw. eingeprägt. Wir müssen jedoch zwischen Erinnerungen, Gedanken-Formen und Entitäten unterscheiden, auch wenn sie zunächst einmal unter dem Oberbegriff ›Geister‹ zusammengefaßt werden.

In manchen Häusern spuken nicht die Geister der Toten, sondern Gedanken-Formen, die von einem starken Geist geschaffen wurden und teilweise sehr alt sind. Andere können jüngeren Datums sein, haben sich aber noch nicht vollständig aufgelöst, weil die Schwingungen, mit denen sie konfrontiert wurden, nicht stark genug waren, um sie ganz zu zerstören. Manche bestehen nur noch teilweise, vielleicht aus Gesicht und Händen. Andere, stark emotional geladene Gedanken-Formen lassen sich von uns kaum beirren – sie gehen durch uns hindurch und benehmen sich, als sei die Zeit stehengeblieben. Sie erscheinen zu bestimmten Zeiten an bestimmten Orten, führen bestimmte Handlungen aus etc., je nach Luftdruck oder Stand des Mondes. Während eines Sturms oder eines Gewitters, zu Zeiten atmosphärischer Schwankungen also, kann man manchmal Erscheinungen sehen, die in eine andere Raum-Zeit-Dimension gehören.

Einer Entität fehlt wohl der physische Körper, nicht aber das Chakrasystem. Wenn sich ein Mensch zu Lebzeiten den höheren Energien nicht öffnet und dies auch im Tod nicht geschieht, verliert er die Orientierung. Eine solche Entität hat aber vielleicht auch ein sehr niedriges Leben geführt und konnte sich weder zu Lebzeiten noch im Tod auf höhere Schwingungen anheben.

Sehr hochentwickelte Seelen bezeichnet man ebenfalls als Entitäten – sie sind jedoch von ganz anderer Art als jene herumirrenden Wesen. Bei ihnen handelt es sich um Geistwesen, die in die irdische Ebene eindringen, um zu lehren, und deren wir manchmal gewahr werden. Eines haben alle Entitäten gemeinsam: Ihre Anwesenheit verändert die Atmosphäre; meistens kühlt sie ab.

Wenn Sie sich vor der unsichtbaren Welt fürchten, bedeutet dies, daß Sie Ihr Herz unter Verschluß halten und sich dem Gefühl der Liebe nicht öffnen. Wenn Sie im Traum einen Geist sehen und die Konfrontation mit ihm vermeiden wollen, mangelt es Ihnen an Mitleid und Verständnis. Ein Geist ist jemand, der weder weiß, wo er ist, was er tut, noch wo er hingehen soll. Er braucht Hilfe, um sich aus diesem jämmerlichen Zustand befreien zu können, und wenn er eines ganz bestimmt nicht vorhat, dann ist es, einem Menschen Schwierigkeiten zu bereiten.

Der Grund dafür, daß wir dennoch Vorsicht walten lassen müssen, ist der, daß ein solches Geistwesen sich manchmal Befriedigungen zu verschaffen versucht, die es zu Lebzeiten kannte. Es sehnt sich unter Umständen nach materiellem Besitz und körperlichen Vergnügungen. Wenn es den Zugang zu seinem höheren Selbst verloren hat, ist es möglicherweise sexbesessen.

Unser Ziel, unsere Aufgabe ist es jedoch, das eigene Bewußtsein anzuheben, und dazu müssen wir unabhängig sein. Wir dürfen uns deshalb nicht von einer Entität vereinnahmen lassen, sei sie gut oder böse. Wenn wir mit einer niedrigen Entität in Berührung kommen, können wir versuchen, sie anzuheben und mit Licht und Liebe zu umgeben. Meistens ist es jedoch ratsam, Hilfe zu holen, denn in so mancher Entität haben sich Aggressionen aus Hunderten von Jahren angesammelt, und um ihre groben Energiefelder zu beseitigen, bedarf es eines großen Kraftaufwands. Wenn wir unsere Köpfe allerdings mit blutrünstigen Bildern und negativen Gedanken anfüllen, werden wir leicht empfänglich für entsprechende Entitäten. Es ist daher unabdingbar, den eigenen Energiekreislauf immer wieder zu reinigen, besonders wenn wir häufig niedrigen Schwingungen und groben Energien ausgesetzt sind.

Die innere Stimme

Manche Menschen begehen Greueltaten und behaupten hinterher, daß eine innere Stimme oder gar die Stimme Gottes ihnen befohlen habe, so zu handeln. Der ›Yorkshire Ripper‹, Peter Sutcliffe, zum Beispiel bestand darauf, Gott habe ihm befohlen, unmoralische Frauen zu töten. Was tatsächlich geschieht, ist allerdings, daß manche Menschen ihre ganze Energie darauf verwenden, bestimmte Gedanken-Formen zu schaffen (die alles andere als Gottes Stimme sind), oder, anders ausgedrückt: Jeder schafft sich seinen eigenen Gott.

Wenn unsere Schwingung vorwiegend im niedrigen Bereich liegt, werden wir eine negative Entität in uns selbst erzeugen und sie auch nähren und stärken. Im Prinzip können wir jedes Wesen erschaffen, wenn unsere Vorstellung davon nur stark genug ist und Nahrung findet. Allerdings kann dieses Wesen, wenn wir es nicht rechtzeitig wieder auflösen, so mächtig werden, daß es uns zu beherrschen beginnt und in innere Konflikte stürzt. Menschen programmieren sich auf diese Weise regelrecht, und zwar seltsamerweise im negativen Sinn. »Ich bin zu nichts nütze« oder »Das kann ich ja nicht« oder »Ich bin ein Versager« wird jahrelang treu und brav immer wiederholt, bis das so produzierte negative Double schließlich auch noch über den Leidenden herfällt. Oder jemand ist gerade von seinem Partner verlassen worden und weiß nicht mehr ein noch aus vor Herzeleid. In einer solchen Situation schließt man übrigens oft unwissentlich Bereiche des Unterbewußtseins auf. »Ich ertrage es nicht« oder »Ich kann doch ohne ihn/sie nicht sein« bildet dann die Grundlage für ein leistungsfähiges Selbstzerstörungsprogramm.

Wir sind, mit anderen Worten, Programmdesigner oder Programmierer unseres eigenen Lebens; wir müssen also unbedingt unsere wahren Motive und Einstellungen kennen. Was haben wir anzubieten? Wieviel Energie könnten wir eigentlich sinnvoller einsetzen? Wenn wir meditieren, erhöhen wir unser Energiepotential, und das ist wünschenswert, aber dieser Vorgang muß mit der Erkenntnis

Hand in Hand gehen, daß wir für diesen Überschuß ein konstruktives Ventil brauchen, damit wir ohne unliebsame innere Stimme und lästige Gedanken-Formen durchs Leben gehen können.

Was immer wir unserem Geist als Nahrung anbieten, wird die Vibrationen des Stirnchakra beschleunigen oder verlangsamen. Ein wachsendes Bewußtsein für alles Schöne wird es kräftigen, so daß wir es schließlich wie ein exaktes wissenschaftliches Instrument für unsere geistigen Forschungsarbeiten einsetzen können. Allerdings müssen wir für genügende Energiezufuhr in Form von reiner Energie sorgen, um ein einwandfreies, störungsfreies Funktionieren zu garantieren. Ein Mensch kann einen solchen Energiestrom in der Regel nur über einen bestimmten Zeitraum hinweg aufrechterhalten, dann muß er entspannen.

Das Unsichtbare Sehen

Die Fähigkeit, Unsichtbares zu sehen, wird oft von einer sehr menschlichen Unart getrübt – man sieht und sieht doch nicht wirklich, weil man zu oberflächlich schaut, sich nicht aufs Sehen konzentriert. Man kann eine Blume anschauen, ohne sie wirklich wahrzunehmen. Meistens können wir die notwendige Aufmerksamkeit nicht oder nur unzureichend aufbringen. Wir müssen deshalb lernen, die Aufmerksamkeit zu sammeln.

Als nächstes müssen wir sowohl die inneren Bilder als auch die ätherischen Erscheinungsformen möglichst unvoreingenommen beobachten, denn manchmal ist der Wunsch unseres Ego sozusagen der Vater aller Gedanken (-Formen), was nichts anderes heißt, als daß wunderbare Lichterscheinungen usw. oft unsere eigene Schöpfung sind (wie ja auch negative Phänomene, irrationale Ängste etc.) oder – wie in der Hypnose – eine Illusion, die ein anderer Mensch in uns hervorruft.

Wie aber sollen wir unterscheiden, ob wir wirklich etwas sehen oder ob wir uns nur über unsere eigenen Illusionen freuen? Ob etwas positiv oder negativ ist? Wenn wir in einem Zustand erhöhter Aufmerksamkeit Vorstellungen von Reichtum, Glanz oder Macht entwickeln im Gegensatz zu dem Bedürfnis rein, geläutert, freundlich und gut zu sein, ist es sehr wahrscheinlich, daß unsere eigenen egoistischen Wünsche an den Bildern beteiligt sind. Auch wenn wir uns darüber freuen, solche Erscheinungen wahrzunehmen, und sie als Zeichen unseres Wachstums werten, auf das wir stolz sind und weswegen wir uns gern ein klein wenig wichtig nehmen – gerade dann müssen wir uns ganz besonders in acht nehmen. Wir müssen diese Formen zurückweisen, seien es Meister oder Engel, bis wir ein anderes Verständnis davon erlangen.

Denn je höher die Schwingung, um so weniger Formen werden gebildet, und auf der höchsten, der kosmischen Ebene schließlich, existiert die Form nicht mehr. Solange Menschen Formen visualisieren – die durchaus von Bedeutung sein können, allerdings auf einer anderen Ebene – und berichten, sie hätten dies und das gesehen, haben sie keine allumfassende Wirklichkeit erfahren, denn diese kennt keine Formen. Für viele Menschen ist dieser Zustand jedoch undenkbar, ja bedrohlich, sie brauchen Formen als Anhaltspunkte.

Doch noch einmal: Je weiter wir wirklich auf dem Weg zum Licht vorankommen, um so unwichtiger wird die Form. Was das ›Sehen‹ an sich angeht, müssen wir uns bewußtmachen, daß jeder, je nach individueller Reife, andere Dinge sieht. Im übrigen ist unsere Imagination ja bereits konditioniert – durch Berichte anderer, durch Bücher etc., so daß unsere Fähigkeit, unabhängig und unvoreingenommen etwas ›zu sehen‹, stark eingeschränkt ist.

Elementale

Elementale sind ein treffendes Beispiel hierfür. Darstellungen dieser Wesenheiten beschäftigen sich leider mehr mit ihren hübschen Jäckchen und Mützchen als mit der Wiedergabe ihrer ätherischen Energiemuster, was eine viel realistischere und zutreffendere Art der Darstellung wäre.

Auf jeder Seinsebene finden Energieinteraktionen statt, und besonders starke Interaktionspunkte können von der Psyche wahrgenommen werden. Doch wird uns das Wesen anderer Reiche so lange verschlossen bleiben, bis wir von unseren konditionierten Erwartungen dessen, was uns dort begegnen mag, Abschied genommen haben. Wir erschaffen Formen ja nur, weil wir – meist unbewußt – in bestimmte Denkmuster verfallen, die wiederum ein Ergebnis der Konditionierung sind oder aber aus früheren Leben stammen.

Energie manifestiert sich in unterschiedlichen Strukturen und in unterschiedlicher Intensität. Wo Auflösung oder Zerfall stattfindet, wird Energie freigesetzt, ebenso wenn etwas entsteht. Energiemuster entstehen beispielsweise in unvorstellbar langen Zeiträumen und durch Interaktion auf allen Ebenen. Sie reagieren aufeinander und verändern sich. Man hat zum Beispiel festgestellt, daß Bäume oder Blätter von kleinen ›Energiekügelchen‹ umgeben sind, die manchmal eine andere Form annehmen, als ob sie ein Bewußtsein entwickelten. Man spricht daher von einer ›belebten‹ oder ›beseelten‹ Natur bzw. beseelten Elementen, kurz von Elementalen. Wir haben ihnen die farbigsten Namen gegeben: Gnome, Goblins, Elfen, Kobolde usw. Solche Wesenheiten sind in der Regel kleine Licht- und Energiekörper, die ihre Form verändern können. Manchmal allerdings tun wir dies für sie und geben ihnen eine der genannten Gestalten.

Psychische Verseuchung

Für den Menschen der Urzeit war es lebensnotwendig, ein hochempfindliches Wahrnehmungssystem zu haben, mit dem er Signale bzw. Schwingungen seiner Umwelt erkennen und identifizieren konnte: das zweite Nervensystem. Obwohl der neuzeitliche Mensch sich der Existenz dieses Nervensystems nicht mehr bewußt ist, funktioniert es doch. Wir kennen zum Beispiel die folgende Situation: Es geht uns eigentlich relativ gut. Doch plötzlich fühlen wir uns irgendwie unwohl, unbestimmt aggressiv oder deprimiert, bekommen Kopfschmerzen... ohne ersichtlichen Grund. Was ist passiert? Wir haben die Schwingungen einer anderen Person aufgenommen und zu unserer eigenen gemacht – und es waren nicht die hohen Schwingungen, die wir absorbiert haben. Menschen, bei denen das zweite Nervensystem reaktiviert wird, sind für dergleichen besonders empfänglich. Die Reaktivierung geht mit schnelleren Vibrationen Hand in Hand und erhöht die Empfindsamkeit des Betreffenden für die negativen Schwingungen seiner Mitmenschen.

Andererseits, je niedriger bzw. langsamer die eigene Schwingung, um so mehr zieht man entsprechende Gedanken-Formen und Entitäten an, wodurch Depressionen verstärkt werden, die dann zu massiven Störungen führen können.

Manche Menschen absorbieren die Negativität ihrer Mitmenschen regelrecht und fühlen sich dauernd erschöpft, während andere aussehen, als könne nichts ihnen etwas anhaben. Wenn Sie zu der erstgenannten Gruppe gehören, sollten Sie ernsthaft an richtiger Atmung und Entspannung Ihres Körpers arbeiten. Die Ursache für Krankheiten liegt meistens im eigenen negativen Denken oder Handeln oder darin, daß die Negativität anderer absorbiert wurde. Es ist eine Tatsache, daß Menschen, deren Bewußtsein sich zum Kosmischen hin erweitert, die Schwierigkeiten anderer leichter und vermehrt übernehmen. Wenn wir das Gefühl der Liebe in uns entfalten und unsere Energien durch entsprechende Übungen verstärken, können wir nicht nur uns selbst ›anheben‹, sondern auch viel Leid entschärfen.

Depressionen

Nicht immer ist es die Negativität unserer Mitmenschen, die wir aufnehmen. Das zweite Nervensystem reagiert auch auf Wetteränderungen, Erdbeben, Vulkanausbrüche etc. Nicht umsonst sagt der Volksmund, daß etwas in der Luft liegt. So wie man sich auf die niedrigen Schwingungen anderer einstellen kann, kann man sich bei umschlagendem Wetter auf einen niedrigen Luftdruck einstimmen. Man ist deprimiert, bezieht es auf sich selbst und fängt an, sich zu sorgen, weil man deprimiert ist.

Eine Möglichkeit, diesen Zustand zu ändern, besteht darin, sich schnell aufzuraffen und etwas Konstruktives zu tun, am besten, indem man seine Aufmerksamkeit von sich weg auf jemand anders lenkt. Wer sich mit seinen Mitmenschen befaßt, ist zu beschäftigt, um sich auch noch auf seine Depression zu konzentrieren. Er verbraucht die wertvolle

Energie, die er sonst der Depression zuführen würde, auf sinnvolle Weise.

In der Regel fürchten wir uns vor unserer eigenen Negativität wie vor dem Teufel und vor bösen Geistern. Wir fühlen uns elend, wenn wir uns bei schlechten Gedanken ertappt haben oder wieder einmal deprimiert sind. Wir lassen uns durchaus zu Gemeinheiten hinreißen, doch dann setzen wir uns hin und grübeln zerknirscht darüber nach, rühren weiter kräftig in den dunklen Energien und wühlen sie noch ein bißchen mehr auf, anstatt sie wie ein objektiver, neutraler Beobachter zu analysieren. Genau das aber sollte man tun.

Statt zu verzweifeln, geben Sie einfach zu, daß Ihre Energien zu diesem Zeitpunkt wohl eher eine Art Tiefstand erreicht hatten – ein Signal übrigens, das Sie vielleicht schon einmal überhört haben, dem Sie aber Beachtung schenken sollten. Es sagt Ihnen, daß die Zeit für einen ›Energieputz‹ gekommen ist, daß Sie zuviel negative Energien angesammelt haben.

Wenn Sie also oft deprimiert sind, weil Sie entweder viel eigene Negativität oder die anderer angesammelt haben, machen Sie sich die Reinigung zur Hauptaufgabe. Prüfen Sie zunächst, ob Sie in Ihrem Innern oder in Ihrer Umgebung negative Gedanken-Formen bemerken. Haben Sie negative Gedanken gewälzt oder ausgesprochen? Wenn Sie dergleichen in Ihrer Umgebung ausgestreut haben, verwenden Sie Sandelholz, Kerzen oder auch Musik. Betrachten Sie Ihre Lebensweise. Womit füllen Sie Ihre Vorstellungswelt? Welche Bilder hängen in Ihrer Wohnung? Welche Bücher besitzen Sie? Was ist der ehrliche, ungeschminkte Grund Ihrer Negativität? Sich selbst können Sie es ja eingestehen. Seien Sie schonungslos, nur dann wissen Sie, womit Sie es wirklich zu tun haben. Wenn Sie das Gefühl haben, die Wohnung sei verunreinigt, tun Sie etwas dagegen – veranstalten Sie einen Generalputz.

Sie dürfen nichts unversucht lassen, um möglichst schnell aus Ihrer Depression herauszukommen. Sprechen Sie mit jemandem. Wenn Sie niemanden haben, dem Sie sich derart anvertrauen können, sprechen Sie eben auf Band. Sie müssen es mit lauter Stimme aus sich herauszwingen, ausatmen, aus Ihrem System entfernen. Atmen Sie es zum offenen Fenster hinaus; zwingen Sie sich dazu, an die frische Luft zu gehen; lesen Sie gute Bücher, die Sie erst einmal auf andere Gedanken bringen; hören Sie Musik an, die Sie in positive Schwingungen versetzt; schlafen Sie. Manchmal reicht schon die Gegenwart eines Haustieres, um die Aufmerksamkeit umzupolen. Wenn zuviel Energie bis zum Gaumen gelangt ist, kann man eine Schallplatte auflegen und laut dazu singen und tanzen, um Energie abzulassen.

Vielleicht sind Sie ein unsicherer Mensch. Immer, wenn Sie vor einer Aufgabe stehen, die etwas Mut erfordert und Ihnen schwerfällt, steigen *alte* Unsicherheiten aus der Kindheit oder aus vergangenen Leben auf und produzieren die Symptome der Depression – ein relativ umfassendes Gefühl der eigenen Unzulänglichkeit, der Unfähigkeit. Trotzdem werden die meisten doch lieber krank, als daß sie etwas dagegen unternähmen. Warten Sie nicht so lange, bis es wirklich ernst damit ist, gehen Sie sich auf den Grund, ›erden‹ Sie sich, verschaffen Sie sich unbedingt Klarheit. Wenn Sie allerdings sicher sind, daß Sie *nicht* Ihre eigene Trübsal blasen, andere mögliche Quellen der Negativität ausgeschaltet haben und sich dennoch elend fühlen, dann sind Sie zu offen. Mit Depressionen ist nicht zu spaßen, Sie können sich Nachlässigkeit nicht leisten. Sie müssen lernen, sich zu schließen.

Die Hirnanhangsdrüse (Hypophyse)

Hirnanhangsdrüse und Zirbeldrüse sind die beiden Haupteingangspforten des zweiten Nervensystems. Die Hormone, die sie produzieren, werden auf bestimmte Impulse hin ausgeschüttet. Eine träge Hirnanhangsdrüse verursacht schwere Krankheiten und blockiert das Dritte Auge, während ein geschlossenes Stirnchakra keine Funktionsstörung der Hirnanhangsdrüse verursacht. Manche Menschen sind durchaus in der Lage, Energien in das Dritte Auge zu lenken, ohne allerdings dadurch Zugang zu den unsichtbaren Bereichen zu erlangen. Sie haben statt dessen gewisse Vorahnungen, zum Beispiel im Hinblick auf Siegerpferde, Gewinnzahlen und dergleichen.

Die Hypophyse funktioniert im Dunkeln weitaus besser als bei Tag – dies gilt auch für das Dritte Auge. Die Dunkelheit macht uns alle empfänglicher, und der Mond übt eine stimulierende Wirkung auf die rechte Hirnhälfte aus. Viele Menschen fürchten die Dunkelheit, den Mond und die intuitiven Sphären, die dann anklingen, obwohl es sich dabei doch um Aspekte der eigenen Persönlichkeit handelt. Die Nacht ist die Phase der Regeneration; im Schlaf befinden wir uns in einem veränderten Bewußtseinszustand, und der Körper heilt sich selbst. Niedergeschlagene Menschen, deren Gedanken sich jagen, leiden jedoch oft unter massiven Einschlafstörungen, das heißt, der heilsame veränderte Bewußtseinszustand tritt nicht ein. Allerdings leben wir alle in einer rastlosen Zeit, voller Hektik und Streß, und liegen nachts oft wach, anstatt wirkliche Ruhe zu finden.

In den verschiedenen Schlafphasen setzen wir manchmal stärkste Energieströme frei. Dadurch kann es passieren, daß wir Ängste und Gedanken-Formen aus unserem System herauskatapultieren, die von ihm wieder absorbiert werden und als innere Bilder in unser Unterbewußtsein eindringen. Menschen, deren linke Hemisphäre dominiert, erleben nachts, wenn sich ihre Psyche öffnet, die Freisetzung der untertags unterdrückten Symptome. Es gibt aber auch Menschen, deren Psyche nicht in jenen Zustand zwischen Wachsein und Einschlafen gelangt, in dem wir Zugang zu unseren anderen Bewußtseinsebenen haben und uns programmieren können. Wenn ein Mensch derart angespannt ist, zuckt er im Schlaf oft heftig zusammen, wenn sein System versucht, seine Spannungen freizusetzen. Der feinstoffliche Körper versucht, sich vom physischen zu lösen und astral zu reisen.

Andere wiederum hängen Tagträumen nach, weil ihr Gehirn derart überreizt ist, daß es alle möglichen Vorstellungsbilder produziert und ziellos hin und her wandert. In diesen Fällen bewegt der Energiestrom sich meistens nicht im mittleren Energiekanal aufwärts, sondern in den Kanälen rechts und links von der Wirbelsäule.

Schwindel

Schwindelanfälle können ein Anzeichen dafür sein, daß wir genügend Energien produziert haben, um das Energiefeld der Aura zu beschleunigen und unseren Bewußtseinszustand zu verändern. Wir sollten uns erden und praktisch betätigen.

Kopfschmerzen

Kopfschmerzen werden oft durch bestimmte Funktionsstörungen verursacht. Wer das Stirnchakra öffnet und dann stillsitzt und meditiert, sein Scheitelchakra jedoch nicht öffnet, wird wahrscheinlich auf Dauer Kopfschmerzen davontragen. Auch wenn jemand seinen Körper trainiert, dabei die Gesichtsmuskulatur jedoch unberücksichtigt läßt, werden Kopfschmerzen auftreten. Frauen leiden vor Eintritt der Periode an Kopfschmerzen, weil ihr Zyklus die Schwingungen ändert, womit der Körper nicht zurechtkommt. Die chemischen Veränderungen im System führen oft zu Wasseransammlungen im Gewebe.

Orientalen massieren den Gaumen mit der Zunge oder dem Finger, um Kopfschmerzen zu beseitigen, und zwar in Richtung des Schmerzes. Schmerzt die linke Kopfhälfte, wird die linke Gaumenseite massiert usw. In jedem Fall wird dadurch die Muskulatur entspannt. Um die Funktion des Dritten Auges zu unterstützen, ist es ratsam, die Akupunkturpunkte am Kopf anzuregen und eine Übung durchzuführen, bei der die Ohren angehoben werden. Manchmal hebt sich der Gaumen, wodurch die Ohren in ihrer Bewegungsfähigkeit eingeschränkt werden, und das Ergebnis einer solchen Blockade sind unerträgliche Druckgefühle.

Anregungen zur Stärkung des Dritten Auges

Stellen Sie sich das Stirnchakra als eine weiße, flügelartige Energiestruktur vor. Je mehr sie zu einem Spiegel wird, um so mehr werden auch Sie zu einem Spiegel. Denken Sie an einen See, auf dessen Wasseroberfläche sich der Mond spiegelt – ein perlmuttfarbenes, silbrig glänzendes diffuses Licht. Jede Anspannung in jedem Teil Ihres Körpers spiegelt sich darin, Spannungen aus diesem Leben, Spannungen aus früheren Leben.

Entspannen Sie das Gesicht gründlich; atmen Sie tief, und lenken Sie die Energie direkt in das Stirnchakra – dadurch entspannen Sie die Stirn. Stellen Sie sich Blau in Ihrer Kehle und Indigoblau in der Stirn vor, dann ein weißes Licht, das von oben in das Dritte Auge eintritt, es aktiviert und Signale an das Chakrasystem weitergibt. Es durchdringt den ganzen Körper. Behalten Sie die gleichmäßige Atmung bei und lenken Sie die Energie in jedes Zentrum. Ihre Haut nimmt einen leichten Glanz an, die Aura dehnt sich aus. Sie fühlen sich wach und stark. Beenden Sie die Übung, indem Sie sich vorstellen, daß jedes Chakra die Form eines Edelsteins annimmt, welcher strahlt und funkelt. Das Scheitelchakra ist zu einem großen, reinen Diamanten geworden.

Kopf- und Gesichtsübungen

Die Bereiche hinter und über den Ohren sind mit dem Stirnchakra verbunden. Wenn die Muskulatur in diesen Bereichen erschlafft ist, treten häufig Kopfschmerzen auf, wenn das Dritte Auge sich öffnet. Man wird sie durch bestimmte Übungen zur Entspannung der Gesichtsmuskulatur, des Nackens und des Hinterkopfbereichs wieder los.

1. Reiben Sie die Hände gegeneinander, um sie mit Energie aufzuladen, und legen Sie sie dann mit den Handwurzeln nahe beieinander knapp über den Augenbrauen an den Kopf; die Finger liegen auf dem Scheitel. Konzentrieren Sie sich auf diesen Bereich. Zweck dieser Übung ist die Kontraktion des Stirnmuskels direkt unterhalb des Haaransatzes. Neigen Sie den Kopf dazu nach vorn. Beim Einatmen heben Sie ihn und richten den Blick nach oben, zählen bis sechs und lassen den Kopf ausatmend wieder sinken.

2. Legen Sie die Handwurzel einer Hand zwischen die Augenbrauen. Beim Einatmen drücken Sie sie gegen die Stirn und ziehen die Augenbrauen kurz zusammen. Atmen Sie aus, und entspannen Sie dabei die Augen. Diese Übung regt die Augen- und Hinterkopfmuskulatur an.
3. Legen Sie die Handwurzeln über die Ohren. Unterhalb der Schläfen verläuft ein kräftiger Muskelstrang, der die Wangenhaut bis hinter die Ohren strafft; Sie trainieren diesen Muskel, indem Sie die Ohren beim Einatmen hochziehen, kurz verharren und ausatmend wieder entspannen.
4. Legen Sie die Fingerspitzen hinter die Ohren, und ziehen Sie diese beim Einatmen nach hinten. Lösen Sie die Muskelkontraktion beim Ausatmen.
5. Legen Sie die Hände auf den Nacken eben unterhalb des Haaransatzes, die Finger gespreizt. Straffen Sie die Kopfhaut, indem Sie die Fingerspitzen zueinanderführen, während Sie einatmen. Öffnen Sie die Finger wieder und streicheln den Nacken bzw. die dort verlaufenden Muskelstränge.
6. Reiben Sie erneut die Hände gegeneinander. Diesmal legen Sie die Handwurzeln an die Augenknochen. Beugen Sie einatmend den Kopf nach vorn, heben Sie ihn an, und beugen Sie ihn zurück. Schauen Sie nach oben. Richten Sie den Blick auf den Bereich zwischen den Augenbrauen, dann abwechselnd auf die rechte und die linke Augenbraue. Senken Sie nun den Kopf wieder, schließen Sie die Augen, legen Sie die Handflächen über die Augen, und entspannen Sie sich.
7. Spitzen Sie die Lippen wie zu einem Pfiff. Wiederholen Sie diese Übung mehrere Male. Öffnen Sie dann den Mund wie zu einem Schrei.

8. Beugen Sie den Kopf zurück. Öffnen und schließen Sie den Mund vier- oder fünfmal, und pressen Sie dabei die Zähne zusammen. Schürzen Sie nun die Unterlippe mehrere Male über die Oberlippe.

Visualisierungsübung

In Ihrer Imagination halten Sie einen klaren Kristall in Ihren Händen. Sie sehen darin einen blauen See, auf seiner Oberfläche schwimmen Seerosen. Während Sie sie anschauen, beginnen die Seerosen, sich mehr und mehr zu öffnen, Sie sehen bis in ihr Inneres. Ihr Blickwinkel weitet sich, Sie nehmen nun auch gleichzeitig Bäume und einen Pfad wahr, der sich durch sie hindurchschlängelt. Sie gehen diesen Pfad entlang und nehmen die Bäume zu beiden Seiten bewußt wahr.

Nach einer Biegung sehen Sie in einiger Entfernung ein weißes Gebäude, dem Sie sich schnell nähern. Sobald Sie soweit sind, gehen Sie bis zur Eingangstür. Warten Sie darauf, daß sie sich öffnet, und sammeln Sie Ihre ganze Aufmerksamkeit. Treten Sie ein. Als nächstes gelangen Sie in einen warmen Raum, von dem gute Schwingungen ausgehen. Es befinden sich mehrere Personen darin, die sich strecken, dehnen und entspannen. Sie fühlen sich sofort wohl, legen sich hin und beginnen ebenfalls, sich zu dehnen, zu entspannen.

Wenn Sie das Gefühl haben, es ist genug, erheben Sie sich und betreten den nächsten Raum. Die hier Anwesenden sind in tiefe Sammlung versunken, sie erfühlen ihre Körper, ihre Körperfunktionen. Setzen Sie sich zu ihnen; stimmen Sie sich auf Ihren Körper ein, beobachten Sie ihn und hören Sie auf seinen Klang. Üben Sie eine Weile.

Nach einer gewissen Zeit erscheint eine Gestalt in einem weißen Gewand und verteilt diverse Gegenstände an die Anwesenden – Steine, Edelsteine, Blumen. Sie sollen Ihren Geist darauf richten. Betrachten Sie Ihren Gegenstand, versenken Sie sich in seinen Anblick, versuchen Sie, seine Eigenschaften zu spüren. Ab einem bestimmten Punkt vertieft sich der Kontakt, und Sie spüren, wie sich ein Gefühl der Affinität entwickelt. Während dieser Übung gibt es nur diesen Gegenstand, keinerlei Gedanken an irgend etwas anderes.

Beenden Sie nun diese Übung, und begeben Sie sich in ein anderes Zimmer. Die hier Anwesenden entspannen sich, sie üben vor allem die Entspannung des Herzchakra. Setzen Sie sich, und entspannen Sie sich. Vergewissern Sie sich, daß alle Spannung in den Händen aufgelöst ist; Schultern, Hüfte und Beine fühlen sich locker und warm an. Entspannen Sie einfach, und lassen Sie ein Gefühl des Friedens Sie durchdringen.

Sie sehen einen Treppenaufgang. Sie steigen hinauf und betreten ein anderes Zimmer. Hier wird die Lenkung und Kontrolle der Energieströme geübt – wie man sich erdet, wenn zuviel Energie zum Scheitel strömt; wie man sie richtig aufwärts lenkt und auch wieder zurückschickt.

Schauen Sie sich alles an, und dann suchen Sie Ihre eigene Kammer. Hier können Sie alles sein; Sie brauchen keine Formen zu bilden, Sie können Teil der kosmischen Energie werden. Beim Betreten dieser Kammer spüren Sie, daß Sie nicht mehr in Ihrem Körper eingeschlossen sind. In dieser Kammer kann sich Ihr höheres Selbst manifestieren, Sie können sich mit ihm vereinen. Die Vorstellung davon bleibt Ihnen überlassen; es könnte zum Beispiel die Begegnung mit einem Freund sein, der Sie mit Liebe überhäuft. Sie empfinden nichts als Frieden.

Nehmen Sie nun eine Kerze, und stellen Sie sie an eine Stelle in Ihrem Zimmer, die Sie besonders geschmückt haben, auf einen kleinen Tisch etwa, auf dem eine duftende Blume steht. Denken Sie nun an alle, die Sie gesund und glücklich sehen möchten.

Versuchen Sie schließlich, einige der Aspekte Ihres höheren Selbst zu verinnerlichen. Beobachten Sie, was auf Sie zukommt, vielleicht ist es einfach nur ein Gefühl des Wohlergehens.

Kehren Sie nun langsam in Ihren Körper zurück. Wenn Sie möchten, gehen Sie denselben Weg zurück, die Treppen hinunter, zum Pfad und dem Kristall. Dehnen Sie sich ausgiebig, und reiben Sie Hände und Füße.

8

Das Scheitelchakra

Das Scheitelchakra ist der Zirbeldrüse zugeordnet, die, wie auch die Hirnanhangsdrüse, nachts unter Einwirkung des Mondes aktiv wird. Unter ihrem Einfluß verändern sich die Gehirnwellenmuster, und ihr Hormon wird ein Jungbrunnen genannt. Die Energien dieses Zentrums oben auf dem Haupt erstrahlen in unbeschreiblichen Farben. Ihre wellenartigen Bewegungen bilden geometrische Strukturen, die alle Vibrationen, die wir in unseren Leben erlangt haben, reflektieren. Erst wenn wir fähig sind, sie zu absorbieren, können wir sie auch nutzen. Die verschiedensten Kulturen wissen um diese Energien und haben sie als Heiligenschein, Sonnenscheibe, Federkränze, Kronen, Lotosblüten etc. wiedergegeben. Diese Symbole sind keineswegs Ausdruck freier künstlerischer Gestaltung, sondern vielmehr eine Darstellung dessen, was ein medial veranlagter Mensch tatsächlich wahrnimmt.

Engel

Die höchsten Ebenen der Intuition wurden als gute Kräfte, als Engel dargestellt. Ihre Vibrationen bewegen sich wellenförmig und werden von medial veranlagten Menschen als strahlende, weiße Federn wahrgenommen – so kamen die Engel zu ihren Flügeln. Die Azteken trugen prächtige Federumhänge, die ihr Eingebettetsein in die höchsten Schwingungen symbolisierten.

Von der Vorstellung fliegender Engel sollten wir allerdings ein für alle Male Abschied nehmen. Die Bezeichnung ›Engel‹ gilt einem Kraftfeld, und die ›Flügel‹ sind Energiestrukturen, die sich wellenförmig bewegen und dadurch weitere Strukturen bilden, die ihnen in etwa das Aussehen von Federn verleihen. Es gibt eine ganze Reihe von verschiedenen Kraftfeldern mit spezifischen Vibrationsraten. Manche durchdringen sich gegenseitig; andere gleichen Feuerbällen oder Flammen – ein Vergleich, der eher zutrifft als die Beschreibung ›Engel mit federähnlichen Flügeln‹.

Ein medial veranlagter Mensch kann ein solches Kraftfeld auch innerlich als einen Energiewirbel erfahren. Ebenso kann auch das Erreichen des höchsten Bewußtseinszustandes mit einer außerkörperlichen Projektion verbunden sein, oder wir erleben ihn als eine Erfahrung tief in unserem Innern.

Die uns bekannten Schutzengel sind keine Wesenheiten, die im Bus hinter uns stehen und auf ihren Flügeln heranschweben, wenn wir sie brauchen. Sie sind vielmehr Teil eines Energiefeldes, das sich auf verschiedene Weise manifestiert und uns manchmal *den* rettenden Einfall / Gedanken übermitteln kann. Und wie, werden Sie nun sicherlich fragen, habe ich mir das vorzustellen? Als ein sprechendes Energiefeld etwa?

Nehmen wir an, Sie haben ein Problem und rufen nach Ihrem Schutzgeist bzw. Engel. Nehmen wir außerdem an, daß Sie Ihre Schwingungen anheben und nicht durch Jammern und Geschimpfe gar noch weiter senken und daß es Ihnen gelingt, Ihre Chakras anzuregen. Die Energien beginnen nun aufzusteigen, mehr Energie wird produziert, und so haben Sie sich schließlich auf die Ebene gebracht, auf der Sie sozusagen alle Antworten finden. Oder anders ausgedrückt: Ihr Überbewußtsein hat ein Energiefeld angezapft und mit Lichtgeschwindigkeit in eine für das Unbewußte verständliche Nachricht übersetzt.

Reinkarnation

In einer Folge von Leben arbeiten wir an uns selbst – zu dem Zweck, die Energieströme zu kontrollieren und unsere Schwingung anzuheben. Wir inkarnieren immer wieder und erfahren die unterschiedlichsten Schwingungen – so lange, bis der physische Seinszustand überflüssig geworden ist, das heißt, bis wir gelernt haben, auch mit den Schwingungen umzugehen, die uns Unbehagen bereiten, oder Schwingungen, die uns fremd sind und die zu erforschen wir zunächst vermieden haben.

Um selbst Licht werden zu können, müssen wir uns mit allen seinen Manifestationen und Schwingungen beschäftigen. Wer bereits einmal Zugang zu den höheren Bewußtseinszuständen hatte, kann anderen in gewisser Hinsicht helfen. Wenn wir uns jedoch über einen bestimmten Punkt nicht hinauswagen, werden wir immer wieder denselben Zwängen unterworfen sein. Möglicherweise fühlen wir uns ausschließlich zur Medizin hingezogen, versuchen aber nie etwas Künstlerisches. Vielleicht haben wir uns im Elfenbeinturm veschanzt, Initiationen erlebt, unser Chakrasystem gereinigt, mit heilenden Kräften anderen geholfen, aus der Natur heiliges Wissen erworben. Möglicherweise haben wir das Leben in materieller und sexueller Hinsicht voll ausgekostet. Ein schwieriges Leben voller Leid, Armut und Schmerz mag die Reaktion auf ein früheres Leben sein, das Abtragen einer karmischen Schuld, ein notwendiger Ausgleich. So lernen wir, die verschiedenen Menschentypen zu akzeptieren, und schleifen unsere eigenen Ecken und Kanten ab.

Karma – wörtlich: ›Tat‹ – bedeutet Ausgleich. Es ist eine Art persönlicher Buchführung über unsere noch zu begleichenden Schulden. Wenn wir in diesem Leben eine Menge Negatives in uns spüren, sollten wir versuchen herauszufinden, welche karmische Schuld wir zu bezahlen haben. Unser Karma spiegelt sich unter anderem in unseren Äußerungen wider. Es ist richtig, daß erkannte und bekannte Schulden getilgt werden, aber die Konsequenz eines ganzen Lebens, das Karma, bleibt davon unberührt. Das kann nur ›abgetragen‹ werden, wenn wir etwas Konstruktives unternehmen, um die Negativität aus unserem System zu eliminieren. Jede Negativität muß durch etwas Positives neutralisiert werden.

Manchmal ist ein schwacher Körper die einzige Möglichkeit, eine karmische Schuld abzutragen. Nehmen wir an, Sie waren in einem früheren Leben eine mächtige Persönlichkeit und haben diese Macht mißbraucht. Nun ist ein Leben in Abhängigkeit von anderen, die uns nun ihrerseits demütigen oder mißachten, die Folge. Unser Überbewußtsein, oder das höhere Selbst eines Menschen, wird immer nach Ausgleich streben, auf jede nur mögliche Art und Weise. Wenn wir immer alles umsonst bekämen, wie sollten wir jemals unsere Schulden begleichen? Der Austausch von Energien ist unumgänglich. Mehr Energie, mehr Mitleid und Liebe, mehr tatkräftige Hilfe, so sollte die Entwicklung verlaufen.

Es gibt Menschen, mit denen uns karmische Verbindungen immer wieder, viele Leben hindurch, zusammenbringen, weil wir aneinander eine Aufgabe zu erfüllen haben. Vielleicht sind wir in diesem Leben karmisch mit einer Person verknüpft, denken jedoch fortwährend an eine andere. Wir lösen dann nicht nur unser Karma nicht ein, indem wir diesem Menschen unsere Aufmerksamkeit versagen, wir häufen sogar neues an. Beziehungen knüpfen karmische Bande. Je unersättlicher wir sind, je mehr Bande wir knüpfen, um so komplizierter wird unser nächstes Leben, denn alle diese Verbindungen müssen aufgearbeitet werden. Die entscheidende Prüfung, der sich die Tempeltänzerinnen unterziehen mußten, war die der karmischen ›Eignungsauslese‹, in der darüber entschieden wurde, ob sie fähig waren, ihre karmischen Bindungen aufzulösen und sich dem hohen Ziel voll und ganz zu widmen.

Im Grunde genommen entsteht Karma durch Ignoranz, durch Unwissenheit. Unwissenheit ist in der Tat die Wurzel allen Übels. Nicht zu ›wissen‹ und darum leiden zu müssen, unfähig zu sein, sich aus dem eigenen Sumpf herauszuziehen, von Negativität langsam zersetzt zu werden – vielleicht ist dies das Karma eines Menschen, die Schuld aus einem oder mehreren früheren Leben, die nur durch ein Dasein im Nebel der Unwissenheit neutralisiert werden kann.

Wir inkarnieren, um uns letztendlich selbst die Antwort auf die drängenden Fragen nach Ursprung und Sinn des Lebens geben zu können. Bei jeder neuen Inkarnation suchen wir uns unsere Eltern auf einem bestimmten Energielevel aus, der zumindest garantiert, daß wir nicht in einen Körper hineingeboren werden, der niedrigere Energiestrukturen hat, als wir ›verdienen‹. Unser individuelles System ist das Ergebnis vieler Leben, und in jeder Inkarnation arbeiten wir speziell mit den Chakras, die wir für dieses Leben benötigen.

Wenn wir einen großen Karmaberg abzutragen haben oder wenn wir unser System überlastet hatten, ist es möglich, daß wir uns Eltern mit niedrigeren Energiestrukturen aussuchen. Wenn wir Energien fehlgeleitet haben, werden wir uns wahrscheinlich einen Körper mit bestimmten geschwächten Chakras aussuchen, vielleicht mit einem schwachen Herzen.

Jede Inkarnation stellt uns gewisse Aufgaben. Wenn karmische Verbindungen aufgearbeitet werden, treffen wir oft ›zufällig‹ Menschen, mit denen wir die Aufgabe zu bewältigen haben. Solche Verbindungen können auch tröstlich sein, weil in schwierigen Phasen Menschen auf uns zukommen können, um uns zu helfen. Und doch ist das Leben nicht mit einem Theaterstück zu vergleichen, in dem die Akteure immer brav ihre Rolle spielen. Unsere freie Willensentscheidung macht unser Leben eher zu einem Abenteuer. Vielleicht ist es uns laut karmischem Fahrplan bestimmt, zu einem gewissen Zeitpunkt einer bestimmten Person zu begegnen. Aber wir haben unterwegs einen Fehler begangen, unsere Energie- und Schwingungsmuster sind gestört, das Treffen kann nicht stattfinden.

Die größte Herausforderung sind jedoch nicht Personen, denen wir vielleicht irgendwann einmal begegnen werden, sondern die Menschen, mit denen wir am engsten verknüpft sind. Für gewöhnlich müssen wir an unserer Einstellung ihnen gegenüber arbeiten. Der ideale Partner taucht manchmal erst spät auf unserem Lebensweg auf, wenn wir bereits bestimmte Lektionen gelernt und wirkliche Fortschritte erzielt haben. Manchmal treffen wir Menschen, die schon bald wieder aus unserem Leben verschwinden, weil das Karma, das man zusammen zu bewältigen hatte, abgetragen ist. Wenn wir mit einem Menschen verbunden sind, der uns daran hindert, Fortschritte zu machen, wird früher oder später etwas geschehen, das uns von ihm befreit.

Unsere diversen Existenzen sind Reisen vergleichbar, in deren Verlauf wir an verschiedene Scheidewege gelangen. Manchmal läßt sich der für uns richtige Weg daran erkennen, daß alles in eine bestimmte Richtung zu weisen scheint, während aus den anderen Richtungen keinerlei Resonanz erfolgt. Wenn wir uns für den richtigen Pfad entschieden haben, sind die Menschen, denen wir begegnen, und alle Herausforderungen Nebenprodukte der evolutionären Notwendigkeit, nicht jedoch Ausdruck unseres eigenen Bedürfnisses.

In der Regel gehen wir mit viel Schwung und Optimismus an neue Pläne und Partnerschaften heran, und dann läuft trotzdem alles schief, obwohl wir so sehr auf Erfolg programmiert waren. Werfen wir einen ehrlichen Blick auf uns selbst bzw. in unser Inneres. Wieviel steuern wir selbst dazu bei? Wenn wir nicht den Partner unserer Wahl finden, das Einkommen oder die Stellung, die wir anstreben, nicht erlangen, ist dies vielleicht nicht unser Weg. Auch wenn uns das nicht gerade tröstet, ist es doch nicht so wichtig, das zu bekommen, was wir wollen; vielmehr zählt, was wir damit anfangen würden. Wenn wir urplötzlich eine Menge Geld zur Verfügung hätten, was würden wir damit tun? Haben wir einen sinnvollen Plan?

Wir müssen beobachten, welche Mechanismen unser Leben bestimmen, denn sie geben uns Hinweise bezüglich der Aufgabenstellung. Statt zum Beispiel über Fehlschläge und schmerzliche Erfahrungen zu jammern, müssen wir sie analysieren. Weglaufen, vielleicht sogar Selbstmord, ist pure Energieverschwendung. Wir werden uns in derselben Situation wiederfinden. Deshalb müssen wir unser Leben *akzeptieren*.

Tod

Der Tod sollte eine befreiende Erfahrung, ein Gipfelerlebnis für den Menschen sein. Manche sehen ihm wie einem Abenteuer entgegen; einem unerschrockenen Geist erscheint er als die höchste Forschungsaufgabe. Für die meisten ist der Gedanke an den Tod mit der Vorstellung von Kälte, Einsamkeit, Anonymität und Entsetzen verbunden. Wir könnten jedoch auch einmal versuchen, dem Tod gegenüber einen für uns neuen Standpunkt einzunehmen, ihn zum Beispiel als den krönenden Höhepunkt des Seins zu betrachten.

Der Archidiakon von Durham, Michael Perry, schreibt: »Das Thema Tod wird heute so behandelt wie früher der Sex: Es betrifft jeden, aber keiner spricht darüber.«[13]

Im alten Ägypten wurde der Tod als eine besonders wertvolle Erfahrung betrachtet, auf die man sich entsprechend vorbereitete. Wir jedoch haben Angst, Angst davor, von einem Zustand in einen anderen hinüberzugleiten. Viele Menschen, die Nah-Todeserfahrungen gemacht haben, berichten und bezeugen, daß es sich um einen sanften Übergang handelt. In Amerika gibt es sogar eine Gesellschaft für Nah-Todesforschung, die ihre Ergebnisse zweimal jährlich unter dem Titel *Anabiosis* veröffentlicht.

Dr. Thelma Moss, eine bekannte amerikanische Parapsychologin, berichtet über das Medium Arthur Ford.[14] Der Mann lag schwer krank im Krankenhaus, als er plötzlich seinen Körper unter sich im Bett liegen sah, während er selbst an der Zimmerdecke schwebte – ohne allzugroßes Interesse für diesen Körper da unten zu empfinden. Er fühlte sich durchaus als Arthur Ford, aber ohne Körperbewußtsein. Eine Gruppe von Abgesandten aus der Jenseitswelt diskutierte seinen Zustand. Sie waren ernsthaft in

Sorge, weil er in seinem Leben viele Gelegenheiten hatte verstreichen lassen, um bestimmte Dinge zu erledigen. Sie machten ihm klar, daß er unbedingt in seinen Körper zurück müsse. Wie ein bockiges Kind sträubte er sich dagegen. Dann hatte er mit einem Mal das Gefühl, durch den Raum gewirbelt zu werden, und erwachte wieder in seinem Krankenhausbett. Arthur Ford hatte zwei Wochen lang im Koma gelegen.

Trotz der beeindruckenden Pionierarbeit, die Dr. Elisabeth Kübler-Ross auf dem Gebiet der Todes- und Nah-Todesforschung geleistet hat, sind die meisten von uns im Augenblick des Todes unvorbereitet und hilflos. Mit dem Tod kann unsere Gesellschaft, in deren Denken die linke Gehirnhälfte dominant geworden ist, nichts Rechtes anfangen. Der moderne Mensch hat vielleicht tatsächlich den Aberglauben hinter sich gelassen, nicht jedoch die Angst vor dem Tod, in dem der Ätherkörper sich vom physischen Körper trennt.

Die Initiationsriten in den ägyptischen Tempeln bereiteten die Neophyten auf diese Trennung vor. Unter kundiger Anleitung wurden sie im Gebrauch und der Wirkung bestimmter Drogen unterwiesen und fasteten bis zur Erschöpfung. Sie erlebten ihre erste außerkörperliche Erfahrung unter der Leitung eines Lehrers und lernten, daß es keinen Grund gab zur Furcht, daß man nicht starb, sondern im Gegenteil unsterblich war. Aufbauend auf diesem Wissen arbeiteten sie weiter an sich und waren im Augenblick des Übergangs fähig, eine alles übertreffende Erfahrung zu machen.

In manchen Kulturen gibt es detaillierte Anweisungen für den Augenblick des Todes und die Phasen danach. Der Bardo Thödol, das Tibetische Totenbuch[15], ist gleichsam ein »Reiseführer in andere Realitäten«, wie Sir John Woodruffe es einmal nannte. Der Sterbende wird Tag und Nacht getröstet und auf den Übergang vorbereitet, der nichts weiter sei als eine Initiation in eine andere Seinsform und ihm eine gewaltige Lichterfahrung bescheren werde. Sein Geist wird durch Trommeln, Muscheln und Becken gewissermaßen ›gesammelt‹, und der Lama singt ihm halblaute Gesänge ins Ohr, die er sich merken soll und die es ihm erleichtern werden, sich von seinem physischen Körper zu trennen, von Angehörigen und Besitztümern loszusagen und so seinen Weg in die neue Wirklichkeit zu finden.

Der Lama spricht folgendes:

»Sohn von edlem Stamm, N. N., da nun für dich die Zeit gekommen ist, einen Weg zu suchen, und nachdem dein Atem fast aufgehört hat, wird dir das, was man das Urlicht des ersten Zwischenzustands nennt und dessen Sinn dir dein Lama früher vor Augen geführt hat, das Sein-an-sich, leer und bloß wie der Himmel als der unbefleckte nackte Geist, der klar und leer, ohne Begrenzung oder Mitte ist, aufgehen. Zu dieser Zeit sollst du dieses erkennen und eben darin verharren! Ich aber werde dich zu dieser Zeit zur Einsicht führen!« ...

»Edler Sohn, du bist nun hier bei dem angelangt, was man den Tod nennt. Die Geisteshaltung der Erleuchtung sollst du so hervorbringen!«

»Wehe, da nun für mich die Todesstunde gekommen ist, will ich, gestützt auf dieses Todeserlebnis, nur Liebe, Mitleid und die Geisteshaltung der Erleuchtung in mir erwecken. Damit ich zum Heil aller Wesen, die [endlos] wie der Himmel sind, die vollkommene Buddhaschaft erlangen möge!«

»Sohn der Edlen, N.N., höre! Dir wird nun das reinste Licht des Wahren Seins aufleuchten. Dies mußt du erkennen!«

Im Augenblick des Todes erleben Menschen immer wieder unterschiedliche Sensationen: Bei manchen öffnen sich die Gehörzentren vorzeitig, und sie vernehmen angenehme Klänge – ›Sphärenmusik‹, oder auch die inneren Töne ihres Körpers; andere erleben eine tiefe Ruhe oder schweben wie auf Wasser, sehen Kristalle oder ein klares, weißes Licht. Wieder andere werden von Freunden abgeholt. Dann werden die Vibrationen immer schneller, und schließlich löst sich der Ätherkörper problemlos vom physischen.

Sind wir jedoch unvorbereitet, voller Angst und Schrekken, sind auch unsere Schwingungen niedrig und die Transformation wird erschwert. Indem wir unsere eigenen Schwingungen anheben und unseren Geist mit dem höheren Selbst der sterbenden Person verbinden, können wir ihr helfen, den Übergang zu akzeptieren und nicht dagegen anzukämpfen. Zwei Helfer sind besser als einer – der eine am Kopf, der andere am Fußende; sind Sie jedoch allein, legen Sie Ihre Hände auf den Kopf des Sterbenden, und verbinden Sie Ihr Überbewußtsein mit dem seinen.

Der Tod kann also zur Stunde der Erleuchtung werden, der Erkenntnis und Befreiung. Der Zustand danach dient der Vergangenheitsbewältigung. Es gibt kein Versteckspielen mehr, kein Vortäuschen falscher Tatsachen. Wir sind genau das, was unsere Energiestruktur, unsere Vibrationen, über uns aussagen, nicht mehr, nicht weniger. Was also zählt, ist lediglich, wie wir mit unseren Fehlern zurechtkamen, mit unseren Schwingungen oder, anders ausgedrückt, wie leicht wir geworden sind.

Das Ägyptische und das Tibetische Totenbuch beschreiben Gerichtsverhandlungen, die sich derart ähneln, daß man einen gemeinsamen Ursprung vermutet. Die tibetische Dharma-Raja, König und Richter der Toten, entspricht Osiris im Ägyptischen Totenbuch. In beiden Zeremonien werden die Seelen gewogen – Dharma-Raja wirft Kiesel auf die Waagschalen, schwarze auf die eine, weiße auf die andere Seite; auf Osiris' Waage werden ein Herz und eine Feder gegeneinander ausbalanciert.

Wir müssen also eine schnelle, hohe Vibration erreichen und zu leuchtenden Lichtkörpern werden. Eigentlich ist uns diese Verwandlung nicht fremd: Die Märchen, die wir als Kinder geliebt haben, sind Gleichnisse von der Reise zum Licht, von der Vereinigung der Gegensätze, negativ-positiv, männlich-weiblich. Im Leben gelingt es uns längst nicht immer, diese Gegensätze zu vereinen, dafür manchmal im Tod. Wenn wir unsere Schwingungen anheben, können wir die Kluft der Gegensätze überbrücken und ›ganz‹ werden.

Das Leben auf Erden läßt sich mit dem Studium vergleichen: Wenn das Semester zu Ende ist, haben wir ein paar Monate Ferien, zum nächsten Semester kehren wir zurück. Die Welt ist beileibe nicht das Paradies – aber unsere Erfahrungen eröffnen es uns. Paradies, Himmel, ewiger Friede, all das beginnt in uns, denn hier liegt der Ursprung; ebenso hat die Zukunft schon jetzt, in der Gegenwart, begonnen. Wir sind eben dabei, die Zukunft zu gestalten, und können sie ändern, wenn wir uns selbst ändern. Wenn wir uns jetzt, in diesem Augenblick, in einem klaren Licht sehen, dann können wir wirklich ›glücklich und zufrieden‹ leben.

Anmerkungen

1 C. G. Jung, *Das symbolische Leben*, Olten 1981.
2 Lilla Bek / Annie Wilson, *Farb-Therapie. Der sanfte Weg zur Heilung*, Bern, München, Wien ^{3}1986.
3 Henry Gris / William Dick, *Psi als Staatsgeheimnis*, Bern und München 1979.
4 Joseph Head / S. L. Cranston, *Reincarnation in World Thought*, New York 1977.
5 D. Milner / E. Smart, *The Loom of Creation*, New York 1976.
6 Laurens van der Post, *Die verlorene Welt der Kalahari*, Bielefeld o. J.
7 Jonathan Cott, *Stockhausen: Conversations with the Composer*, London 1974.
8 Fritjof Capra, *Das Tao der Physik*, Bern, München, Wien, Neuausgabe 1984.
9 A. a. O.
10 Philippa Pullar, *The Shortest Journey*, London 1984.
11 Isha Schwaller de Lubicz, *The Opening of the Way*, New York 1982.
12 Frank Barr, Artikel in: *Brain / Mind Bulletin*, 1983.
13 Michael Perry, *Psychic Studies*, Wellingborough 1984.
14 T. Moss, *The Probability of the Impossible*, London 1979. Arthur Ford, *Bericht vom Leben nach dem Tode*, Bern und München 1972 u. ö.
15 *Das Tibetische Buch der Toten*, übers. u. hrsg. v. Eva und Lobsang Dargyay, Bern, München, Wien 1978.